安徽非物质文化遗产丛书

传统技艺卷

宣笔

樊嘉禄　佘征军◎著

安徽省文化和旅游厅　组织编写
主编　樊嘉禄　副主编　宋　煦

APGTIME 时代出版
时代出版传媒股份有限公司
安徽科学技术出版社

图书在版编目(CIP)数据

宣笔/樊嘉禄,佘征军著.--合肥:安徽科学技术出版社,2020.6

(安徽非物质文化遗产丛书·传统技艺卷)

ISBN 978-7-5337-8083-8

Ⅰ.①宣… Ⅱ.①樊…②佘… Ⅲ.①毛笔-介绍-安徽 Ⅳ.①K875.4

中国版本图书馆 CIP 数据核字(2019)第 276841 号

宣笔 樊嘉禄 佘征军 著

出 版 人:丁凌云 选题策划:蒋贤骏 佘登兵 书稿统筹:期源萍 付 莉
责任编辑:王爱菊 文字编辑:胡彩萍 责任校对:程 苗
责任印制:李伦洲 装帧设计:武 迪
出版发行:时代出版传媒股份有限公司 http://www.press-mart.com
安徽科学技术出版社 http://www.ahstp.net
(合肥市政务文化新区翡翠路 1118 号出版传媒广场,邮编:230071)
电话:(0551)63533330
印 制:合肥华云印务有限责任公司 电话:(0551)63418899
(如发现印装质量问题,影响阅读,请与印刷厂商联系调换)

开本:710×1010 1/16 印张:11 字数:220 千
版次:2020 年 6 月第 1 版 2020 年 6 月第 1 次印刷

ISBN 978-7-5337-8083-8 定价:48.00 元

安徽非物质文化遗产丛书 传统技艺卷

编辑委员会

安徽非物质文化遗产丛书
出版委员会

丛书前言

皖地灵秀，文脉绵长；风物流韵，信俗呈彩。淮河、长江、新安江三条水系将安徽这方土地划分为北、中、南三个区域，成就了三种各具风范和神韵的文化气质。皖北的奔放豪迈、皖中的兼容并蓄、皖南的婉约细腻共同构成了一幅丰富而生动的安徽人文风俗画卷，形成了诸多独具魅力的非物质文化遗产。

习近平总书记指出，文化自信是一个国家、一个民族发展中更基本、更深沉、更持久的力量，坚定中国特色社会主义道路自信、理论自信、制度自信，说到底就是要坚定文化自信，没有文化的繁荣兴盛，就没有中华民族伟大复兴。

非物质文化遗产是各族人民世代相承、与民众生活密切相关的传统文化的表现形式和文化空间，是中华传统文化活态存续的丰富呈现。守望它们，就是守望我们的精神家园；传承它们，就是延续我们的文化血脉。

安徽省现有国家级非物质文化遗产代表性项目88项，省级非物质文化遗产代表性项目479项。其中，宣纸传统制作技艺、传统木结构营造技艺（徽派传统民居建筑营造技艺）、珠算（程大位珠算法）3项入选联合国教科文组织命名的人类口头与非物质文化遗产名录。

为认真学习贯彻习近平总书记关于弘扬中华优秀传统文化系列重要讲话精神，落实《中国传统工艺振兴计划》及《安徽省实施中华优秀文化传承发展工程工作方案》，安徽省文化和旅游厅、安徽出版集团安徽科学技术出版社共同策划实施“安徽非物质文化遗产丛书”出版工程，编辑出版一套面向大众的非物质文化遗产精品普及读物。丛书力求准确性与生动性兼顾，知识性与故事性兼顾，技艺与人物兼顾，文字叙述与画面呈现兼顾，艺术评价与地方特色描述兼顾，全方位展示安徽优秀的非物质文化遗产（简称“非遗”），讲好安徽故事，讲好中国故事。

本丛书坚持开放式策划，经过多次磋商沟通，在听取各方专家学者意见的基础上，编委会确定精选传统技艺类、传统美术类、传统医药类非遗项目分成三卷首批出版，基本上每个项目一个单册。

各分册以故事性导言开篇，生动讲述各非遗项目的“前世今生”。书中有历史沿革和价值分析，有特色技艺展示，有经典作品解读，有传承谱系描绘，还有关于活态传承与保护路径的探索和思考等，旨在对非遗项目进行多维度的呈现。

各分册作者中，有的是长期从事相关项目研究的专家，在数年甚至数十年跟踪关注和研究中积累了丰富的资料；有的是相关项目的国家级非物质文化遗产代表性传承人，他们能深刻理解和诠释各项技艺的核心内涵，这在一定程度上保证了丛书的科学性、权威性、史料性和知识性。同时，为了利于传播，丛书在行文上讲究深入浅出，在排版上强调图文并茂。本丛书的面世将填补安徽非物质文化遗产研究成果集中展示的空白，同时也可为后续研究提供有益借鉴。

传承非遗，融陈出新，是我们共同的使命。宣传安徽文化，建设文化强省，是我们共同的责任。希望本丛书能成为非遗普及精品读物，让更多的人认识非遗、走近非遗，共同推动非遗保护传承事业生生不息、薪火相传。

CONTENTS

目录

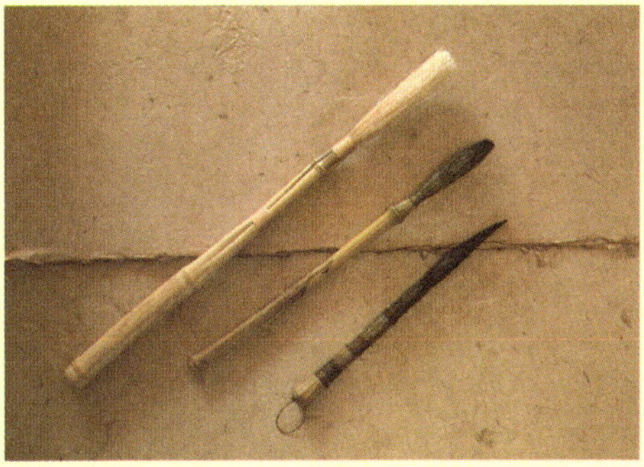

传统技艺卷

CHUANTONG JIYI JUAN

导言

宣笔

现在一说到毛笔，很多人都会首提湖笔，却很少有人知道，这是元代以后才逐渐形成的局面。在元代之前，宣州的毛笔早就名满天下，特别是隋唐、五代至两宋时期，宣笔更是独占鳌头。

北宋苏易简的《文房四谱》是将前人文献中有关文房四宝的记载汇编而成的。其中说到，宣州陈氏家族世能做笔，东晋时被后人尊为书圣的王羲之（字右军）就曾给陈氏祖上写过《求笔帖》，后来陈氏子孙一直继承祖业。到了唐代，大书法家柳公权向宣城陈氏求笔，陈父嘱其子：先给他两支，柳学士如果能驾驭，一定会留下此笔；如果他来退还，那就取普通的笔给他。没过多久，柳公权来了，觉得这两支笔不好用，另求他笔。陈氏遂予之普通笔，并告诉柳公权说，先前给他的两支笔，非右军不能用，柳公权信以为然。现在我们知道，之所以会发生这种情况，是因为柳公权所处的唐代与距其近500年前王羲之所处的晋代，书法风格迥异，对笔的要求自然也就有所不同。

唐代宣笔不仅用料考究，制作精良，而且宣州笔工勇于创新，不断推出新品。其中以名“鸡距笔”者最具代表性，白居易曾作《鸡距笔赋》描述和赞美这种文房“利器”。

到了宋代，宣州仍是最重要的制笔中心，其多向朝廷贡笔。唐代时已经声名显赫的诸葛氏制笔，到了宋代，特别是在嘉祐（1056—1063）、治平（1064—1067）年间，更是独步海内。其中尤以名匠诸葛高技艺为精，他制作的“诸葛笔”颇受文人青睐，常被当作贵重礼品馈赠。当时，无论是达官贵人还是普通士人，都以得到诸葛笔为幸事。著名诗人梅尧臣、欧阳修、苏东坡、黄庭坚等人都写下诗文推崇诸葛笔。

通过上述简单介绍可以知道，宣笔有一段非常辉煌的历史，其在元代以前绝对独占鳌头。元代以后，湖笔崛起，宣笔慢慢失去了往日的光环。为什么宣州会出产天下最好的毛笔？既然宣州早已是全国制笔业的中心，为什么元代以后湖笔会后来居上，取代宣笔成为天下第一名笔？这些问题先留下来，放在后面做详细讨论。

中华人民共和国成立之后，在政府的扶持下，宣城的宣笔制作业得以恢复并快速发展。经过数十年的发展，宣笔制作技艺又逐渐成熟，产品得到许多著名书画家的肯定。刘海粟、赖少其、陈大羽、林散之等著名书画家都曾参与宣笔新品的研制。林散之对“长颈鹿笔”等新品非常满意，曾题诗曰（图0-1）：

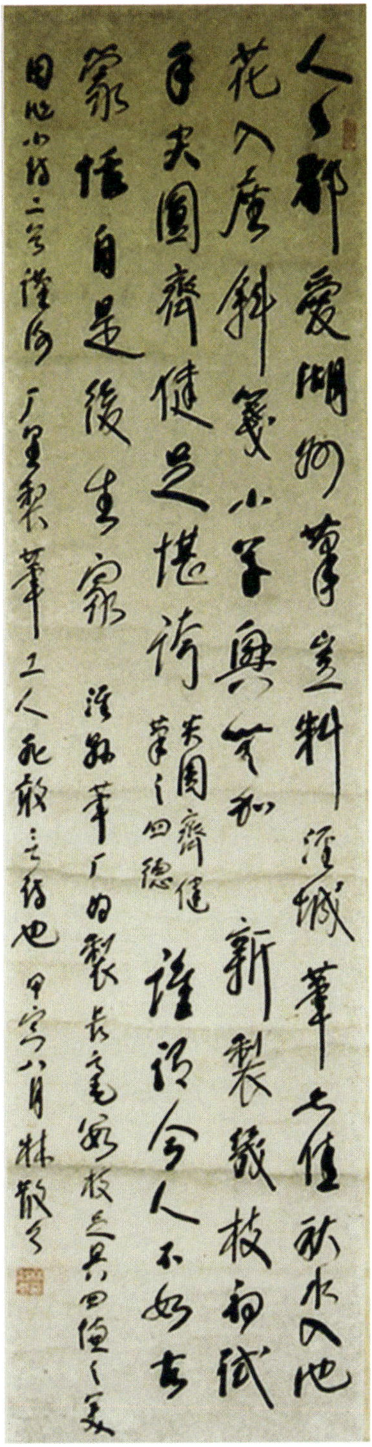

林散之题诗

–

图 0-1

人人都爱湖州笔，岂料泾城笔亦佳。
秋水入池花入座，斜笺小草兴无加。
新制几支初试手，尖圆齐健足堪夸。
谁谓今人不如古，蒙恬自是后生家。

2008 年 6 月，继湖笔制作技艺被列入首批国家级非物质文化遗产名录之后，宣笔制作技艺也被列入第二批国家级非物质文化遗产名录，标志着这项具有辉煌历史的古老技艺在当代实现了复兴。

你可能见过或用过毛笔，那么你知道毛笔是用什么材料制作出来的吗？除了大小不同外，毛笔还有哪些不同？什么叫紫毫笔，它是用什么材料制作的？狼毫笔是用狼毛做成的吗？用什么样的羊毫制作羊毫笔最佳？毛笔制作还会用到哪些原料？制作一支毛笔有多少道工序？诸如此类的问题，本书都会一一讲解清楚。

到商店去买毛笔，琳琅满目的毛笔看上去都差不多，如何评判一支毛笔的优劣？有那么多不同品种的毛笔，到底选择哪一种合适呢？使用毛笔的过程中有哪些讲究？如何保养毛笔？此类诸多问题，也是我们重点介绍的内容。

我们希望，通过本书简明扼要的介绍，你可以完整地了解安徽宣城这块文化厚土是如何孕育出宣笔这一文化瑰宝的,你还可以了解围绕着宣笔这条主线流传下来的一些脍炙人口的佳话传说。读完本书,你可以清晰地了解毛笔的制作方法,可以消除过去有关毛笔的种种误会;同时,还会对毛笔制作技艺传承人的辛勤劳动和高超技艺有所了解,对毛笔的奥妙有全新的认识,真切地理解为什么毛笔是“文房四宝”之一。

安徽的文房四宝制造业自古至今一直处于全国中心地位。在前四批国家级非物质文化遗产名录中,安徽的文房四宝类项目有多达7项入选。其中,毛笔制作技艺有宣笔制作技艺和徽笔制作技艺两项。此外,省级名录中还有砀山碧云轩毛笔、临泉毛笔和六安一品斋毛笔制作技艺等三个毛笔类项目。本书主要介绍宣笔制作技艺,同时对其他几项毛笔制作技艺也加以概要介绍。

第一章 辉煌的历史

笔的历史非常久远，最初使用的硬笔约出现于新石器时代。用动物的毛扎制的毛笔出现的时间可能也不晚于甲骨文盛行的殷商时期。以后，又经过千余年的发展，到了文化高度发达的春秋战国时期，笔的制作已经相当成熟，并得到广泛应用。秦汉至魏晋南北朝时期，毛笔的形制一直在演变，逐渐达到更加精致的程度。

说到宣笔的起源,自然会联想到一个更大的问题:毛笔的起源。历史上很早就有毛笔是秦人蒙恬发明的这一说法。如果毛笔真的是蒙恬发明的,那么在他之前的老子、孔子等人是用什么写字的呢?早期的毛笔是什么样子的,后来又经历过怎样的变化?要想了解这些问题,就请跟我们一起走进毛笔起源及其早期发展的历史。

第一节 毛笔的起源与早期发展

一、笔的起源

要谈毛笔的起源,还要先交代一下笔的起源。什么是笔?按汉代刘熙《释名》的说法:"笔,述也,述事而书之也。"也就是说,凡是用以书写述事的工具都可以称之为笔。照这样理解,笔的历史与文字和绘画的历史应当一样久远。不过最早出现的"笔"可能很简单,就是一根小木棍或一截竹片。就像《物原》中所说的:"伏羲初以木刻字,轩辕易以刀书,虞舜造笔,以漆书于方简。"意思是说,最先有人用木棍写字,后来用刀刻写,再后来才有毛笔。

早期的笔应当是以竹木、牙骨和后来出现的金属材料等为原料制作的"硬笔",可以直接在陶坯、甲骨、竹木等物体表面刻画。

现在出土的一些史前陶器上的彩色纹饰和建筑上的壁画中,既有几何形纹饰,也有植物、动物或人物图像,考古中甚至还发现过绘制在地面上的图画[①],这些纹饰、图像和图画绝大多数是用硬笔刻绘的。安徽蚌埠的双墩遗址是一处距今7 300多年的单一的新石器时代台地遗址,1985年至1992年先后三次发掘,出土了陶器、石器、蚌器、骨器、角器等文化遗物和各种动物骨骼,其

①高蒙河,《毛笔的起源——文房四宝起源研究之一》,2009年11月27日《中国文物报》,第3版。

中有600多件陶器上刻画有符号。如图1–1所示为猪形刻画符号拓本[①]。据考古学家分析，这是在陶器阴干后刻画的，由此可知当时的构图已经达到较高水平。

甲骨文是中国早期文字的代表。20世纪初，河南安阳殷墟出土了有字甲骨，同时出土的还有刻字用的刀具。这些刀具多以青铜或玉石制作，长度一般小于20 cm，刃口锋利，装饰精美，被专家称作“刀笔”。除甲骨文外，商代在玉、石制作的器物上也有刻写文字和刻画图像的现象，所用工具也是以金属或玉之类制成的尖锐利器。

古代称“聿”为“笔”（筆），如图1–2所示。甲骨文和金文中“聿”字的结构，就是人手持一节竹管的形状。

硬笔发展到后期，即出现了不同材质的各式刻刀。正是由于曾经“以刀书”，所以中国古代刀与笔关系密切。

战国时有一种“削”，其一开始可能是用来刻字的“书刀”。但是到了春秋以后，人们普遍在竹简或木牍上写字，使用的书写工具不是刀，而是毛笔，“削”的刻字功能已经消失，逐渐退位于在简牍上刮改错字。古人在简牍上写字，如果出现错别字，即用刀削去一薄层，或刮去字迹再重写。在使用简牍的时代，

“聿”字的早期写法

–

图1–2

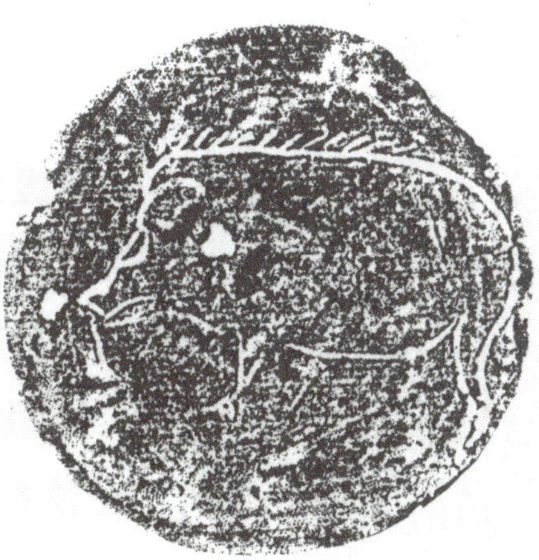

古双墩遗址猪形刻画符号拓本

–

图1–1

①安徽省文物考古研究所、蚌埠市博物馆编著，《蚌埠双墩——新石器时代遗址发掘报告》，北京：科学出版社，2008年。

削也是必备的文房用具之一。削的形制,《考工记》说“长尺博寸”,即长约一尺(1尺≈33.3 cm)、阔约一寸(1寸≈3.33 cm)。1975年,湖北江陵凤凰山一六八号西汉早期墓葬中与笔墨砚和木牍等一同出土的一枚削刀(图1-3),环首,通长22.8 cm。其中,柄长8.9 cm,刃长13.9 cm,刃前端尖而薄①。

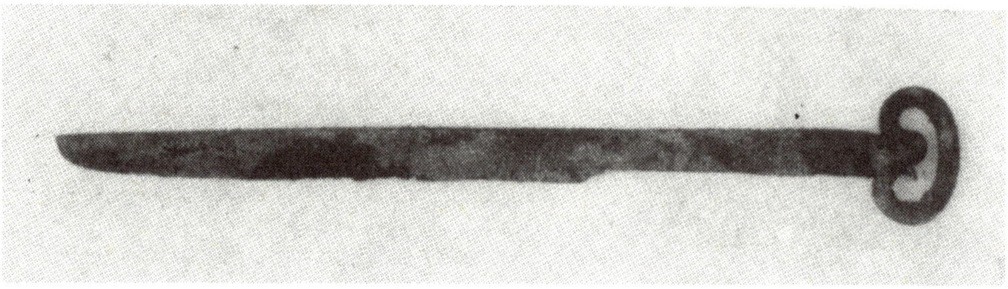

凤凰山出土的削刀

–

图1-3

在使用简牍的时代,因刀与笔是文人必备的两件用具,故当时称书吏为“刀笔吏”,一般指无足轻重、代办文书的小吏。

除用以雕刻的刀笔外,早期的硬笔还包括一些写字的笔,如先秦时期就有人用竹木签蘸上漆汁写字,这种写法被称作“点漆书”。元代陶宗仪《辍耕录》中说:“上古无墨,竹梃点漆而书。”意即上古还没有墨时,人们用长长的竹签蘸上漆汁来书写。有人进一步推测,古代所谓的“蝌蚪书”,或许就是点漆书,其结构头粗尾细,可能是漆液凝重下笔后不易涂匀造成的。

二、毛笔的起源

在各种笔中,只有采用各种动物的毫毛或麻等植物纤维制成的“软笔”,才能称得上是原始形态的毛笔。这种笔在使用时先蘸上有色汁液,再在麻布、绢帛、简牍、纸张、陶瓷器等表面进行书写或绘画。软笔最早出现的时间既无实

①凤凰山一六八号汉墓发掘整理组,《湖北江陵凤凰山一六八号汉墓发掘简报》,《文物》,1975年09期。

物可考，亦无文献可据，只能间接推断。

1980年，考古工作者在陕西临潼一座距今5 000多年的墓葬中发掘出了凹形石砚、研杵、染色物和陶制水杯等大量文物。这些出土的彩陶纹饰花纹表面可以辨认出毛笔描绘的痕迹，由此可推知当时已开始使用毛笔或类似物作书写工具。1987年，在河南安阳殷墟出土的一件陶器上，残存6个朱书文字。文字笔锋挺拔，起笔与收笔处锋芒可见，表明其所用毛笔有着很好的弹性。1995年春，国家文物局和河南省文物局在郑州北郊23千米处的小双桥商代遗址中出土了三块陶缸残片和一件陶缸，在其表面共发现8个文字。文字以朱砂做颜料，字体工整，书写流畅，笔画规范，与安阳殷墟出土的朱书文字和甲骨文一脉相承，被认为是我国迄今发现的最早的书写文字。此外，现在出土的商周时期的玉、石、铜等质地的器物上也见有朱书或墨书文字。

有人研究殷商的甲骨文卜辞，发现其中可能有70余片是先用毛笔写后再用刀契刻的。董作宾先生在他的《甲骨文断代研究例》中说，在公元前1400年至前1200年间的牛骨上，也见有用毛笔和墨汁已写好还没有契刻的文字。

因此可以说，毛笔的历史不会晚于商代早期。到了春秋时期，毛笔的使用已相当普遍。

需要说明的是，因为当时还没有出现后来才有的书与画的载体，没有形成后来才逐渐形成的书写模式，所以最初的毛笔很可能不是后世所理解的书写绘画工具。

先秦文献中有丰富的用笔资料，如《礼记》中有“史载笔，士载言”之说，《庄子·田子方》中有：“宋元君将画图，众史皆至，受揖而立；舐笔和墨，在外者半。”其中，“舐笔和墨”即明确记录使用笔墨。

不过，有关当时毛笔的形制却没有文献具体描述，所幸考古发现为我们填补了这一空白。目前所见最早的毛笔实物，是1954年6月于湖南长沙左公山战国墓中发掘出土的。该笔全身套在一根小竹管里，笔杆为竹质，长18.5 cm，直径0.4 cm，笔头长2.5 cm，如图1-4所示。该笔是用上好的兔箭毛做成的，其做法与现在的笔有些不同，不是将笔毛插在笔杆内，而是将笔毛围在杆的一端，然后用细的丝线缠住，外面涂漆。与笔放在一起的还有竹片、铜削、小竹筒三件物品，推测这可能是当时写字的整套工具：竹片相当于后世的纸，铜削是

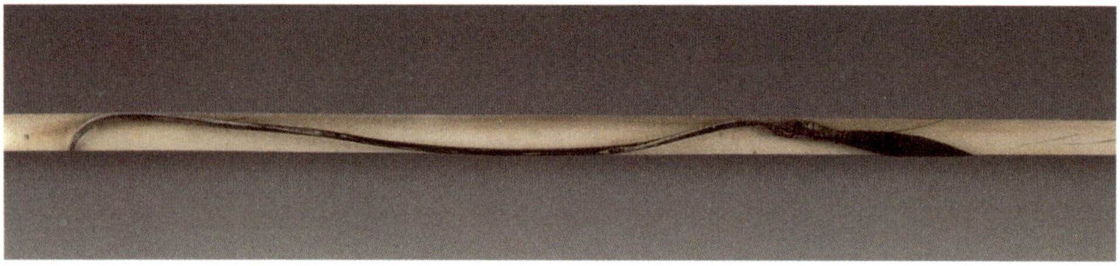

战国墓出土的毛笔
–
图 1-4

刮削竹片用的，小竹筒可能是用来贮墨的。[①]

后来又陆续发现一些早期毛笔：如1957年河南信阳长台关M1号战国后期楚国墓葬中出土的一支毛笔，笔杆为竹质，长23.4 cm，直径0.9 cm，笔锋长2.5 cm，直径与笔杆相当；1987年湖北荆门市包山M2号楚墓中出土的一支毛笔，置于竹筒内，筒口端有木塞，竹质笔杆细长，末端削尖，笔锋长3.5 cm，笔头上端用丝线扎紧后插入笔杆下端銎眼内，笔全长22.3 cm。[②]

从这些现在出土的极有限的实物中可以推断，先秦时期的毛笔具有以下几个特点：长度约22 cm，毛质笔锋长3 cm左右，笔杆为竹质或其他材料，一般都有笔筒保护。上述三种毛笔形制上有显著差异。左公山出土毛笔将笔杆一端劈成数片，将笔头夹在中间，用细丝麻缠紧，再涂上漆汁胶固；长台关出土毛笔将笔头包围竹笔杆一端，再用细线捆缚扎紧，并髹漆其上，使之牢固耐用；包山出土毛笔将笔头用丝线捆扎，插入笔杆一端的空腔内。因此有人说战国时期是制笔的"泛形阶段"，不过以前两种形式居多，第三种"纳毫"形式尚未形成定规。这一时期毛笔笔毫多用单纯的兽毛，书写性能较单一，显示出一定的原始性。

战国时期各地对笔的称谓各不相同，许慎《说文解字》解释"笔"字曰："楚谓之聿，吴谓之不律，燕谓之弗。"秦统一六国后，始皇嬴政下令"车同轨，书同文"，也一致了笔的称谓。

秦代笔也有出土实物。1975年12月，在湖北云梦睡虎地一座秦始皇三十

①《长沙发现保存完整的战国木椁墓》，《文物参考资料》，1954年06期。
②《荆门市包山楚墓发掘简报》，《文物》，1988年05期。

年的墓中，出土了三支毛笔。其中一支保存得较为完整，笔杆长18.2 cm，直径0.4 cm，锋长2.5 cm。其笔杆由细竹制成，上端削成尖形，下端略粗，镂空为毛腔，笔头的根部藏纳于毛腔内，毛腔里的毛长约2.5 cm。毛腔外裹以麻丝，并加漆胶固。整支笔藏在一支笔套中。笔套长27 cm，直径1.5 cm，由细竹管制成，一端为竹节，另一端已打通，中间的两面镂空，便于取笔，如图1–5所示。①

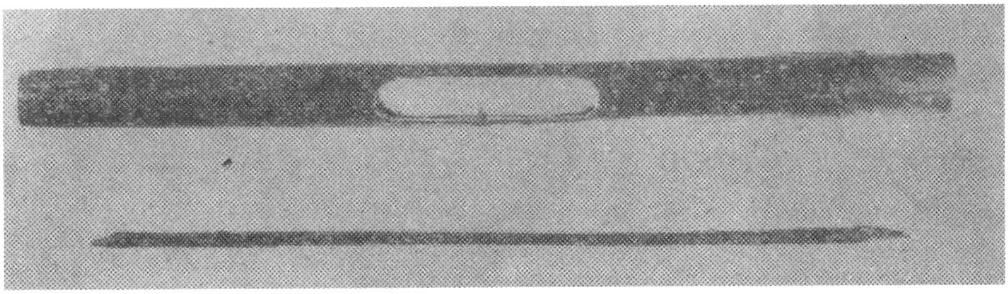

睡虎地出土的毛笔
–
图1–5

1986年，甘肃天水市北道区党川乡放马滩发现秦代和汉代墓群。在秦墓中共出土4件毛笔和笔套，由于保存不好，已残缺，现存毛笔2件、笔套1件。其中一笔套用两根竹管粘连而成，呈双筒套，长29 cm，直径2 cm。竹管中间开口镂空，可同时插入两支笔。毛笔插入套内，杆用竹制，一端削成坡面，另一端镂空成毛腔；锋长2.5 cm，入腔0.7 cm，杆长23 cm。②

从出土的秦笔看，战国时期已经出现的纳毫方法在秦代开始成为主流毛笔形制。当然还有一些秦笔仍有战国笔形制的痕迹。

长期以来，民间一直有"蒙恬造笔"之说，最典型的是《千字文》中有"恬笔伦纸"之句，将蒙恬造笔与蔡伦造纸并称，使这种说法影响深远。蒙恬（前259—前210），祖籍齐国人，后为秦将，公元前221年，被封为将军，攻破齐国，拜为内史。秦统一六国后，蒙恬率兵三十万北击匈奴，收复河南地，主持修筑长城。秦始皇死后，恬为赵高所害。《史记·蒙恬列传》虽详说其事，但未提造笔之事。

---

①《湖北云梦睡虎地十一号秦墓发掘简报》，《文物》，1976年06期。

②田逮、何双全，《甘肃天水放马滩战国秦汉墓群的发掘》，《文物》，1989年02期。

蒙恬对毛笔制作技艺的贡献或许是他对笔的形制做了重大改进。现在出土的秦笔中就有将笔杆端部镂空成一腔，将笔头藏纳其中的做法。这样做的优点是笔头可以保持浑圆的状态，利于吸墨和书写，且更具稳定性，这种模式一直沿用至今。这一时期除了在制笔方法上有所改进外，可能还有原料上的不断创新。除前文提及的说法外，还有《博物志》中记载的"秦蒙恬为笔，以狐狸毛为心，兔毛为副"之说。当然，即使这些改进都是在秦代完成的，也未必是由蒙恬亲自完成的，他可能由于从事过与之相关的工作而被动地享有这一荣誉。

蒙公祠中的蒙恬像

–

图1-6

尽管如此，蒙恬还是被尊为"毛笔之祖"。在"毛笔之都"善琏，人们为了纪念蒙恬为制笔业做出的重要贡献，早在清代初年就修建了蒙公祠（俗称"蒙公堂"）。后因战乱遭损毁，于20世纪90年代重建，主殿内供奉蒙恬像，如图1-6所示。蒙公祠中还有据说是其夫人卜香莲及其两个孩子"停停"和"搭搭"的塑像。

每年的农历三月十六和九月十六，据说是蒙恬和香莲夫人的生日，湖州善琏都要举行庙会。纪念活动从纪念日的前一天开始，一般会持续三天。

三、早期毛笔的演变

现当代考古发现为我们提供了珍贵的汉代毛笔的实物资料，据此可以了解汉代毛笔的形制特征。从中可以看出，经过秦代的发展，毛笔空腔纳毫的形制在汉代已基本定型。

1931年1月，西北科学考察团于蒙古额济纳旧土乐户特旗的穆兜倍尔近地区发现汉代木简，其中杂有一笔，完好如故。据考古学家马衡介绍，这支笔的笔管相当特殊，其是以四块截面为扇形的木条拼成的圆柱形，长20.9 cm，直径0.6 cm，一端纳笔头，外面用丝线缠扎，涂上生漆，如图1-7所示。[①]

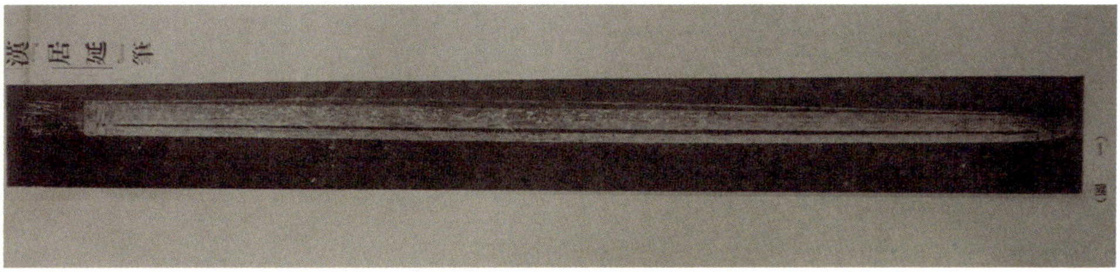

汉·居延笔
–
图1-7

1975年，在湖北江陵凤凰山西汉早期墓葬中出土了一支毛笔。1978年9月，在山东临沂市城区东南隅金雀山发现了六座西汉墓，其中出土毛笔一支，出土时插在笔筒内。1979年，在甘肃敦煌马圈湾烽燧遗址出土毛笔一支，笔杆为竹制，实心，前端中空以纳笔毫，外以丝线扎紧，再髹棕色漆；笔头为狼毫，已残损；笔杆通长19.6 cm，直径0.4 cm，笔头部分长1.2 cm[②]；笔尾被截平后，镶一锥形硬木，再打磨光滑[③]。同期还出土石砚若干，如图1-8所示。1993年2月，江苏尹湾汉墓出土了一对毛笔，其中一支长23 cm，毫长1.6 cm，笔端与笔头的连接处用0.3 cm的丝线缠绕紧扎，并以生漆黏结；另一支稍短，结构与第一支相似。此两笔的工艺极为精细，选毫也极为讲究，经鉴定为兔箭毛所制，历经2 000多年，至今毫尖如锥，把笔插入水中提起，毫尖立即收拢，圆润尖利，其精良程度，令人惊叹！这种毛笔的书写性能在当时已达到非常高的水平。经考古工作者测试，认为

马圈湾出土的毛笔和石砚
–
图1-8

①马衡，《记汉“居延笔”》，国立北京大学国学季刊三卷一号。
②《敦煌马圈湾汉代烽燧遗址发掘简报》，《文物》，1981年10期。
③华人德，《中国书法史：两汉卷》，南京：江苏教育出版社，2009年，第210页。

这种汉代毛笔已达到无可挑剔的地步[①]。

汉代开始在笔杆上刻字。据《汉官仪》记载：尚书令仆丞郎月给赤管大笔一双，篆题曰“北宫二作”楷于头上，象牙寸半着笔下。这一做法在近年考古发现中得到验证。1957年在甘肃武威磨嘴子东汉2号墓出土的毛笔，杆长20.9 cm，笔毫的芯和锋用黑紫色的硬毛做成，外覆以较软的黄褐色毛，笔杆上刻有隶书“史虎作”三字。1972年，在同地发掘的另一座汉墓出土的毛笔，形状、制法与2号墓毛笔基本相同，杆长21.9 cm，杆前端中空以纳笔头，扎丝髹漆以加固，笔尾削尖便于簪发。该笔笔头中含长毫，有芯有锋，外披短毛，便于蓄墨，这是典型的汉笔特点，较之战国笔有明显改进，笔杆上刻有“白马作”三字，如图1–9所示。

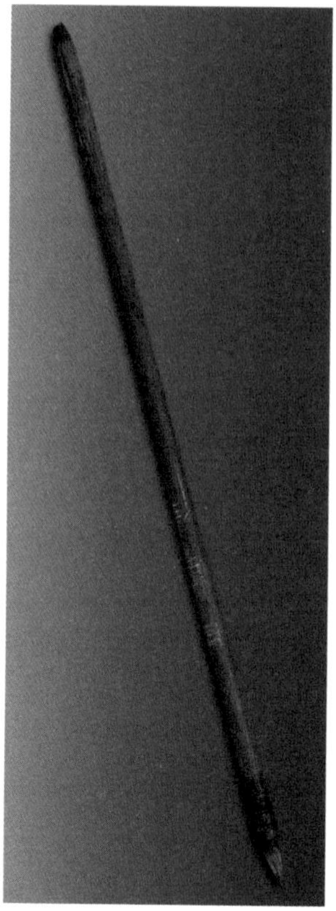

甘肃武威出土的汉代毛笔

–

图1–9

汉代笔不仅强调笔头的质量，而且开始追求毛笔外观的华丽。据《西京杂记》记载：“天子笔管，以错宝为跗，毛皆以秋兔之毫，官师路扈为之。以杂宝为匣，厕以玉璧翠羽，皆直百金。”大意是天子的毛笔，用错宝制作笔管冒，用纯秋兔之毫作笔头，由宫廷的师傅路扈制作，用杂宝作匣，以玉璧翠羽镶边，这些都是价值不菲的材料。

汉代经济文化空前繁盛，毛笔的使用更加广泛，已成为不可或缺的文化用品。汉代盛行“簪笔”，“簪笔”也称“簪白笔”“橐笔”，是指将未蘸过墨的新笔插入耳边发际，因其作用相当于簪子，故名。那时大臣上朝时簪白笔，原本是为便于奏事（与20世纪七八十年代流行将钢笔插在上衣口袋上类似），以后形成一种制度、一种礼仪。从“孔子簪缥笔”和“西门豹簪笔磬折”看，“簪笔”习俗早在先秦就已出现，而且流传很久，至少持续到明代。如图1–10所示为佘征军制作的簪笔；如图1–11所示为佘征军复制的簪笔，纯紫毫笔头。

---

①纪达凯、刘劲松，《江苏东海县尹湾汉墓群发掘简报》，《文物》，1996年08期。

余征军制作的簪笔
–
图1–10

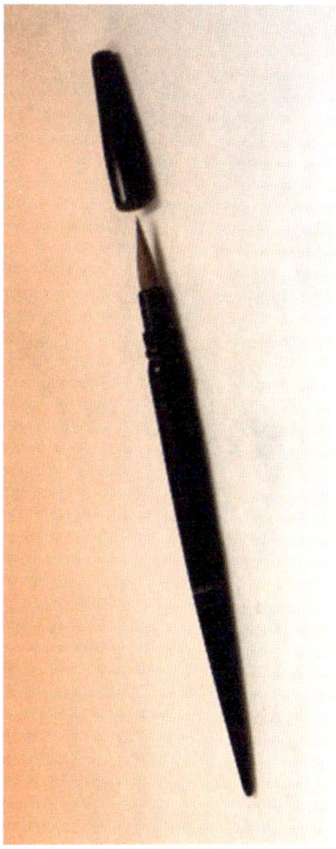

余征军复制的簪笔
–
图1–11

汉代出现了一批制笔名家，当时的著名书法家、有“草圣”之称的张芝（字伯英，？—约192）就是其中最典型的代表。当时，“张芝笔”与“左伯纸”“韦诞墨”并称于世。如图1–12所示为张芝书法碑帖。

汉代还出现了涉及毛笔制作技艺的文章，如东汉蔡邕的《笔赋》中云：

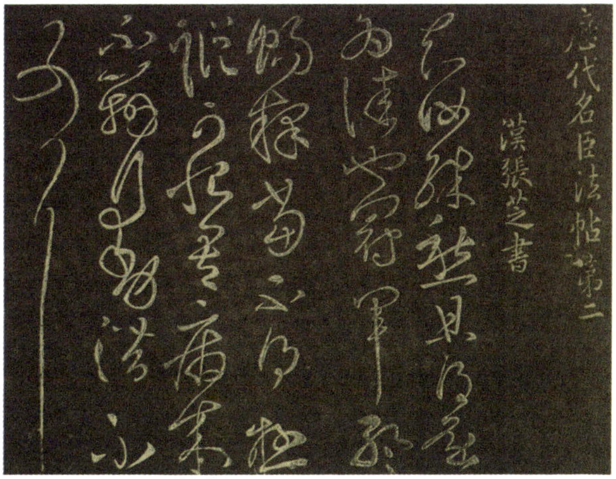

汉·张芝书法碑帖
–
图1–12

“惟其翰之所生，于季冬之狡兔，性精亟以剽悍，体遄迅以骋步。削文竹以为管，加漆丝之缠束。形调抟以直端，染玄墨以定色。画乾坤之阴阳，赞宓皇之洪勋。叙五帝之休德，扬荡荡之明文。”

其中谈到当时制笔用冬季狡兔之毫制作笔头，用丝线捆扎，以文竹为管，用漆汁黏结等主要工艺流程。蔡邕对于书面交流的长处给予充分肯定，他曾写道：“侍中执事，相见无期。惟是笔疏，可以当面。”在此文中，他站在儒家立场，对毛笔完成教化的社会功用进行了详细描写，充溢着浓浓的赞誉之情。他最后总结出毛笔“上刚下柔，新故代谢，圆和正直，玄首黄管”四大特征，说明早在汉代，毛笔制作技艺已经相当成熟，这与前文依据考古资料所做的分析相吻合。

制笔技艺的进步促进了书体的转变和中国书法艺术的发展。中国的书法开始于实用，从通行于公元前14—前12世纪的甲骨文算起，经过一千多年的发展演变，到了两汉时期，终于成为一门自觉的艺术。汉字书体的早期发展主要是从包括甲骨文、金文（大篆）在内的古文向小篆再向隶书的演变，这一过程大体是在秦汉时期完成的。当然，以隶书为主要书体的汉代并非只有隶书，从隶书演化而来的行书、草书乃至楷书，在汉代后期均已出现。在书体演变过程中，书法艺术悄然兴起，出现了以书法成名的书家。中国书法绘画艺术成为世界艺术宝库中的奇葩，很大程度上归功于造纸术的发明、发展和毛笔制作技艺的进步。

四、制笔技艺的发展成熟

魏晋南北朝是我国书法艺术走向成熟并取得巨大成就的时期。这一时期，毛笔制作取得了重大进步，主要表现为制笔技术更加规范和完善，毛笔种类增多，能适应不同的书法需要。毛笔已经进入社会生活各个层面。

三国时期，魏国书法家韦诞（字仲将）擅长制作笔和墨，他所制之笔，人称“韦诞笔”，闻名于世。韦诞在长期的制笔实践中总结出一套系统的制笔方法，著有《笔方》一文。另外，据说大书法家王羲之的老师卫夫人曾著有《笔阵图》传世，其中提到三方面信息：选料方面，在汉代已有的“取秋兔之毫”认识的基础上，进一步认识到生活在崇山峻岭中的兔毫质量最高；形制方面，当时兔毫笔的尺寸为“笔头长一寸”；品质方面，要求笔做得“锋齐腰强”。

除紫毫笔外，鼠须笔在当时也很流行。据说王羲之书《兰亭序》，用的就是鼠须笔。此外还有鹿毫笔、人须笔、鸡毫笔等品种。

这一时期毛笔的制作技艺进一步提高，从晋傅玄(217—278)《笔赋》的描述中可窥一斑：

“简修毫之奇兔，选珍皮之上翰。濯之以清水，芬之以幽兰。嘉竹翠色，彤管含丹。于是班匠竭巧，名工逞术。缠以素枲，纳以玄漆。染芳松之淳烟，写文象于纨素。动应手而从心，焕光流而星布。”

文中所说的“枲”是大麻的雄株，纤维可织麻布，亦泛指“麻”。《说文》中有：“枲，麻也。”

短短七十余言，不仅记录了兔毫、嘉竹、素枲、玄漆等原料，而且描述了选料、水盆、扎笔头、装笔头等多道工序。特别值得注意的是，其中提到的“芬之以幽兰”，应当是指熏香笔头的过程。最后赞美说，以笔蘸墨书写起来得心应手。

精工制作的毛笔不仅是书法绘画创作的重要工具，而且对书法绘画的发展起了不小的作用。如图1-13所示为西晋陆机的《平复帖》，所用短锋、秃笔中锋直下，较少顿挫而多圆转随意，字与字虽不牵连引代，但笔断意连，给人以万毫齐力之感。此帖用笔显示了晋代“披柱法”制笔工艺日臻成熟。

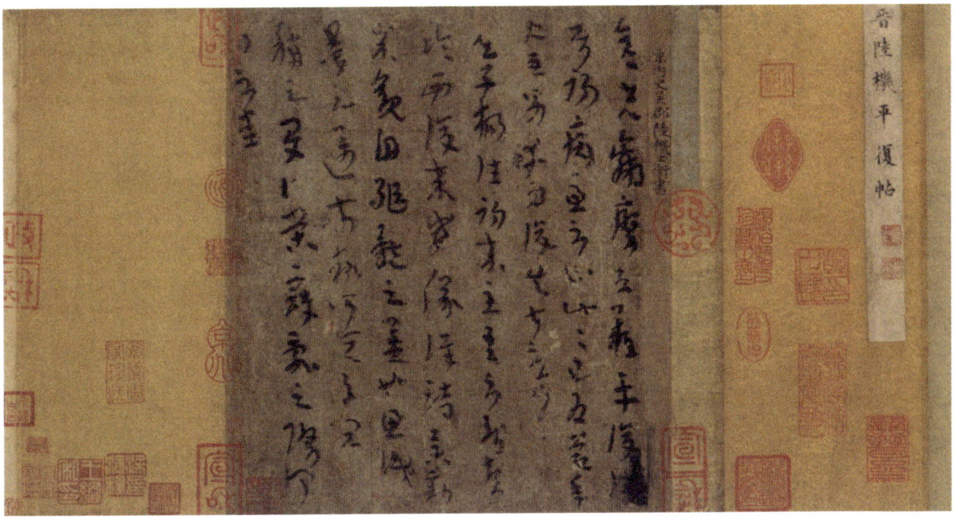

陆机《平复帖》

–

图1-13

东晋时期留下的毛笔实物现在当为罕见。如图1-14所示为东晋前凉时期制作的毛笔,笔管似为竹制,前粗后细,笔头较短,当为紫毫所制。观察此物有助于了解当时的制笔技艺。

东晋前凉时期制作的毛笔
–
图1-14

在制笔用笔过程中,产生了许多与笔相关的文化现象。首先反映在相关文学作品上,魏傅选曾作《笔铭》,其文曰:“昔在上古,结绳而誓。降及后载,易以书契。书契之兴,兴自颉皇。肇建一体,浸遂繁昌。弥纶群事,通远达幽。垂训纪典,匪笔靡修。寔为心尽,臧否斯由。厥美弘大,置类鲜俦。德兴之著,惟道是扬。苟逞其违,祸亦无方。”其大意是:上古结绳记事,从颉皇时代改用书契,垂训纪典,涉及广泛,没有笔是不可想象的。笔的作用无与伦比,但如果应用不当,也会招来祸殃。

当时用笔量之大从“退笔冢”的典故中可略见一斑。据《书小史》记载,大书法家智永和尚,会稽人,师远祖逸少(王羲之),“工草隶,妙传家法,尝临写真草千文八百本,散与人外,江东诸寺各施一本,今有存者犹值数万钱。住吴兴永欣寺,积年临书,所退笔头置之大竹簏。(簏)受一石余,而五簏皆满,人来觅书,或求乞师者如市,所居门限为之穿穴,乃用铁叶裹之,人谓之铁门限。后取笔头瘗之,号‘退笔冢’,自制其铭”。智永用秃了的笔头,整整装了五个有一石多容积的竹篮,可见其用功之深。如图1-15所示为智永书法作品《千字文》局部。

另外，当时的制笔之盛也反映在传说典故方面。如《南史》中记载了一个令人皆知的“江郎才尽”的故事，说江淹（字文通，444—505）“尝宿于冶亭，梦一丈夫自称郭璞，谓淹曰：吾有笔在卿处多年，可以见还。淹乃探怀中，得五色笔一，以授之。尔后为诗绝无美句，时人谓之才尽”。江淹既然要还郭璞的五色笔，那他是什么时候借的呢？宋代黄朝英《靖康缃素杂记》称：“江淹少梦人授以五色笔，因而有文章。”江淹很有才华，《梁书》称他“以文采，妙绝当时”。江淹与宣城也有直接的关系，他在南北朝宋顺帝（477—478）时到宣城，在太守任上四年。

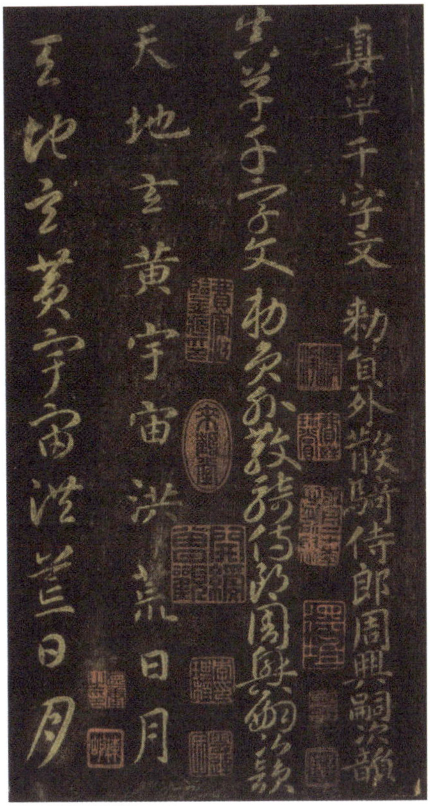

《千字文》局部
–
图1–15

第二节 宣笔千年辉煌史

宣笔是中国历史上第一个以产地冠名的毛笔品种，从唐代起就声名鹊起，由此推断，宣笔的源头肯定远远早于唐代。有证据表明，早在南北朝时期宣笔就已经崭露头角。唐宋两代是中国文化空前发达的时期，宣笔在这一时期受到众多学者关注和赞许，在当时具有不可撼动的业界霸主地位。

一、宣州贡笔一枝独秀

1.紫毫之价贵如金

有史料表明，东晋时大书法家王羲之即已使用过宣笔。据此可推测宣州制笔业兴起的时间应不晚于晋，可能在秦汉时期或更早。到了唐代，宣笔声名鹊起，成为当时享誉全国的贡笔。

宣笔之所以是在唐代声名鹊起，一则因为唐代是中国古代社会经济文化高度发达的重要历史时期；二则因为史书体例的变化，此前正史中对于各地贡赋的记录很不系统，唐代开始才比较全面地记录。此外，因古时地方名产的记录多出现于地方志，而地方志大量出现是在宋代以后。宋代修地方志一般只会追溯到唐代，更早的往往无从考证，所以到了唐代以后，有关宣州制笔的文献才多了起来。

唐代手工业发展十分迅速。随着佛教的盛行和科举制度的兴起，制笔技艺同造纸、制墨、制砚技艺一样快速发展，它们相互促进，整个行业呈现出一派繁荣景象。当时，宣州所产毛笔被称为“宣笔”，因质量上乘而享誉全国，成为每年向皇宫进献的贡品。当时的物流不像后世这样发达，难以想象将毛笔集中在某一个地方生产，然后分散销售到全国各地的情形。换言之，早期的制笔者分散在全国各地，绝大多数地方都是当地做的笔在当地销售。我们现在说当时宣州是全国最有名的制笔中心，成为我国制笔史上首次出现的著名产地，是因为现在可以从文献中找到古代文人对宣笔的记述。当然，之所以有记述，尤其是一些著名文人的记述，一定是因为当时宣笔做得好，受到大家的认可和追捧。

这里必须提到的是唐代著名学者韩愈（字退之，768—824）写过的一篇堪称奇文的《毛颖传》，其讲述的是一个寓言式的故事。

毛颖者，中山人也。其先明视，佐禹治东方土，养万物有功，因封于卯地，死为十二神。尝曰：“吾子孙神明之后，不可与物同，当吐而生。”已而果然。明视八世孙䨲，世传当殷时居中山，得神仙之术，能匿光使物，窃姮娥、骑蟾蜍入月，其后代遂隐不仕云。居东郭者曰㕙，狡而善走，与韩卢（注：名犬）争能，卢不及。卢怒，与宋鹊（注：良犬名）谋而杀之，醢（注：剁成肉酱）其家。

秦始皇时，使蒙将军恬南伐楚，次中山，将大猎以惧楚。召左右庶长与军尉，以《连山》(注：夏之《连山》、商之《归藏》、周之《周易》并称“三易”)筮之，得天与人文之兆。筮者贺曰：“今日之获，不角不牙，衣褐之徒，缺口而长须，八窍而趺居，独取其髦，简牍是资，天下其同书，秦其遂兼诸侯乎?”遂猎，围毛氏之族，拔其豪，载颖而归，献俘于章台宫(秦地名，西汉的未央宫就是在秦章台宫的基础上修建而成的)，聚其族而加束缚焉。秦皇帝使恬赐之汤沐，而封诸管城，号曰“管城子”，日见亲宠任事。

颖为人，强记而便敏，自结绳之代以及秦事，无不纂录。阴阳、卜筮、占相、医方、族氏、山经、地志、字书、图画、九流、百家、天人之书及浮屠、老子、外国之说，皆所详悉。又通于当代之务，官府簿书、市井货钱注记，惟上所使。自秦皇帝及太子扶苏、胡亥、丞相斯、中车府令高，下及国人，无不爱重，又善随人意，正直、邪曲、巧拙，一随其人：虽后见废弃，终默不泄，惟不喜武士，然见请，亦时往。累拜中书令，与上益狎，上尝呼为“中书君”。上亲决事，以衡石自程，虽宫人不得立左右，独颖与执烛者尝侍，上休方罢。颖与绛人陈玄、弘农陶泓，及会稽褚先生友善，相推致，其出处必偕。上召颖，三人者不待诏，辄俱往，上未尝怪焉。

后因进见，上将有任使，拂拭之，因免冠谢。上见其发秃，又所摹画不能称上意，上嘻笑曰：“中书君老而秃，不任吾用。吾尝谓中书君，君今不中书耶?”对曰：“臣所谓尽心者焉。”因不复召，归封邑，终于管城。其子孙甚多，散处中国、夷狄，皆冒管城，惟居中山者，能继父祖业。

太史公曰：毛氏有两族，其一姬姓，文王之子，封于毛，所谓鲁、卫、毛、聃者也。战国时有毛公、毛遂，独中山之族，不知其本所出，子孙最为蕃昌。《春秋》之成，见绝于孔子，而非其罪。及蒙将军拔中山之毫，始皇封诸管城，世遂有名。而姬姓之毛无闻。颖始以俘见，卒见任使，秦之灭诸侯，颖亦有功，赏不酬劳，以老见疏，秦真少恩哉。

上文中，第一段叙述毛颖的身世，第二段讲述蒙恬围猎中山兔、拔毫制笔，第三段讲毛笔的广泛应用，第四段借题发挥，最后的结尾部分有讽喻皇上寡恩薄情之意。最后一段中的“《春秋》之成，见绝于孔子”，是指孔子写作《春秋》“绝笔于获麟”这一典故。可见韩愈并不认为是蒙恬创制毛笔。

文中提到的这个“中山”是什么地方，学术界颇有争议，一种观点认为就在宣州。宋代楼钥在《赠笔工吕文质》一文中写道："四明吕文质，居桃源溪上，多游浙右，作笔殊佳。在人品中则贾长头也。近笔工苦无兔毫，文质深入淮楚始得之。韩文公作《毛颖传》及赞，终始以中山为言，意其为定武也。传虽寓言，然其中云蒙恬南伐楚次中山，将大猎以惧楚则非定武也。今溧水有中山，去县才十五里。《元和郡县志》云：'出兔毫，为笔精妙。'此县唐属宣州，今隶建康。宣城笔旧有名于世，岂以此耶。文质试往访求之。"其大致意思是说，韩愈的《毛颖传》虽然是一个寓言，但其中所述并非纯为虚构，许多内容可被视为史实。

如果唐初的韩愈说蒙恬用宣城的兔毫制笔，那么就有理由把宣州制笔的历史追溯到秦代。当然，单凭这个文献还不能确定宣州制笔开始的年代，因为韩愈所处的时代宣笔名头最大，而南朝大臣周兴嗣所撰《千字文》中"恬笔伦纸"的说法必然会影响韩愈，所以韩愈是否根据这两方面的情况才写出这篇奇文也未可知。但是，关于中山兔毫制笔的记载还有更早的文献，如东汉末年大学者蔡邕在《笔论》中说："书者，散也。欲书先散怀抱，任情恣性，然后书之。若迫于事，虽中山兔豪不能佳也。"意思是说，书法创造必须是在身心都放松的状态下进行，如果匆匆忙忙的，就算是用中山兔毫制作的良笔也写不出上佳的作品来。

《毛颖传》不仅重笔赞誉了笔在人类社会生活方方面面的重要作用，而且以拟人化的手法描述了笔与纸墨砚三宝之间的关系，形象生动，耐人寻味。其中，"颖与绛人陈玄、弘农陶泓及会稽褚先生友善"一句最为经典，常被引用。

唐代宣州生产的毛笔被列为贡品，如《新唐书·地理志》中有记载："宣州宣城郡，望土，贡银、铜器，绮白纻丝头、红毯、兔褐、簟、纸、笔。"除了笔外，这里还提到兔褐，就是用兔皮毛制作的衣服。另外，李肇《唐国史补》中也有"宣州以兔毛为褐"的记载，这从另一个侧面反映了当时宣州盛产兔皮的情形。

宣州制笔的历史虽然远早于唐代，但唐代是宣笔制作鼎盛时期的开始。唐代文人留下了大量赞颂宣笔和制笔名工的诗文，从中可以管窥当时宣笔制作业的繁荣景象。

唐代耿湋曾赋《咏宣州笔》，这是较早赞咏宣笔的唐诗。其诗曰："寒竹渐虚受，纤毫任几重。影端缘守直，心劲懒藏锋。落纸惊风起，摇空讶露浓。丹青与文事，舍此复何从？！"大意是：寒竹做的笔管，具有虚怀若谷的品格，几层纤细入微的毫毛组成了笔锋。书写时,笔影端正是因为保持直道,内心刚劲书写时也不屑于藏锋。字写在纸上,气势如同风暴,字体摇曳,就像饱含露水一样,令人惊讶。绘画和写作,离开了笔该怎么办呢?!

唐代宣笔用料一如前代,主要是紫毫,制作技术更加纯熟。大诗人白居易(772—846),曾作《紫毫笔》乐府词,赞美宣州的紫毫笔:

“紫毫笔,尖如锥兮利如刀。江南石上有老兔,吃竹饮泉生紫毫。宣城之人采为笔,千万毛中拣一毫。毫虽轻,功甚重。管勒工名充岁贡,君兮臣兮勿轻用。勿轻用,将何如?愿赐东西府御史,愿颁左右台起居。搦管趋入黄金阙,抽毫立在白玉除。臣有奸邪正衙奏,君有动言直笔书。起居郎,侍御史,尔知紫毫不易制。每岁宣城进笔时,紫毫之价如金贵。慎勿空将弹失仪,慎勿空将录制词。”

从这首乐府词可知,白居易对于紫毫笔的原料紫毫的宝贵十分了解。“江南石上有老兔,吃竹饮泉生紫毫。宣城工人采为笔,千万毛中拣一毫。”若非实地观察拔毫和制笔的过程,根本写不出这样的句子。从本书后面第二章第二节“紫毫笔制作工艺流程”中可知,一只上等的三年生老兔的皮毛只够制作一支写蝇头小楷的紫毫笔。有鉴于此,白居易呼吁“君兮臣兮勿轻用”。这里还提到“管勒工名”,意思是上贡的毛笔,都要在笔管上刻制作者的名字。这一做法类似现今出售的商品,其包装上必须有明确的生产单位名称,以便如果有质量问题便于追究。这种“管勒工名”制度从春秋时期就开始出现。

唐时宣州出产的兔毫也是贡品。唐段公路《北户录》卷二有“宣城岁贡青毫六两、紫毫三两、次毫六两,劲健无以过也”的记载。其中除“紫毫”外,还有“青毫”和“次毫”,实际上都是兔皮上的毛。青毫是秋天时从三年生老兔身上取下的毫,亦称“秋毫”,比冬毫(紫毫)颜色淡一些,刚性弱一些,但由于含油量高,所以柔韧性更好。次毫又称“花尖”,是长在兔子脊背处的毛,比紫毫的出锋稍短些。此外,还有“白尖”,是冬天兔子侧腹部的毫。

据估算,当时要完成进贡任务,得上等兔皮6000张,经过很多道工序,包括最后的“赶尖”(即一根根精挑细选出来)等工序,这也是“紫毫之价贵如金”的原因。

2.从“鸡距”到“散卓”

唐代宣笔用料考究、制作精良,宣州笔工勇于创新,不断推出新品。其中

有一种"鸡距笔"最有代表性,白居易曾做《鸡距笔赋》描述之:

"足之健兮有鸡足,毛之劲兮有兔毛。就足之中,奋发者利距;在毛之内,秀出者长毫。合为乎笔,正得其要。象彼足距,曲尽其妙。圆而直,始造意于蒙恬;利而铦,终骋能于逸少。始则创因智士,制在良工。拔毫为锋,截竹为筒。视其端若武安君之头锐,窥其管如玄元氏之心空。岂不以中山之明视劲而迅,汝阴之翰音勇而雄。一毛不成,采众毫于三穴之内;四者可弃,取锐武于五德之中。双美是合,两揆相同。故不得兔毫,无以成起草之用;不名鸡距,无以表入木之功。

及夫亲手泽,随指顾。秉以律,动有度。染松烟之墨,洒鹅毛之素。莫不画为屈铁,点成垂露。若用之交战,则摧敌而先鸣;若用之草圣,则擅场而独步。察所以,稽其故,虽云任物以用长,亦在假名而善喻。向使但随物弃,不与人遇,则距畜缩于晨鸡,毫摧残以寒兔,又安得取名于彼,移用在兹?!映赤管状绀趾乍举,对红笺疑锦臆初披。辍翰停毫,既象乎翘足就栖之夕;挥芒拂锐,又似乎奋拳引斗之时。苟名实之相副,信动静而似之。其用不困,其美无倚。因草为号者质陋,折蒲而书者体柔。彼皆琐细,此实殊尤。是以搦之而变成金距,书之而化作银钩。

夫然,则董狐操可以修为良史,宣尼握可以删定《春秋》。其不像鸡之羽者,鄙其轻薄;不取鸡之冠者,恶其软弱。斯距也,如剑如戟,可系可搏。将壮我之毫芒,必假尔之锋锷。遂使见之者书狂发,秉之者笔力作。挫万物而人文成,草入行而鸟迹落。缥囊盛处,类藏锥之沈潜;团扇或书,同舞镜之挥霍。儒有学书临水,负笈登山。含毫既至,握管回还。过兔园而易感,望鸡树以难攀。愿争雄于爪距之下,冀得隽于笔砚之间。"

这篇赋是宣笔发展史上的重要文献。为了帮助读者理解欣赏,笔者邀请朋友张孝进先生将它翻译成现代汉语版:

脚爪中刚健的是鸡足,兽毛中有力的是兔毛。鸡足中挺立的是利距(注:距是指雄鸡爪子后面突出像脚趾的部分),兔毛中秀出的是长毫。二者合在一起,恰恰得到笔的精要。模仿那鸡距的形状,淋漓尽致地表达它的妙处。又圆又直,起源于蒙恬的创意;又锋又利,最终在王羲之那里得以发挥。这笔为才智之士所创造,在优良工匠那里得到传承。选取长毫为锋,截取竹竿为管。看它的笔头,像白起头盔一样尖锐;看它的笔管,像老子一样中空。难道不是因为中山兔子的视力强劲而快速、汝南山鸡的啼叫高亢而雄壮的缘故？一毛不能成笔，遍采三窟之内的兔毛；“四德”（指“文、仁、勇、信”）可以去掉，独在“五德”（鸡有“文、武、仁、勇、信”五德）之中选取锐武。鸡距、兔毛双美在笔上合一，两种法度其实追求的是同一件事。所以如果没有获得兔毫，就不能有起草文章的用途；不叫鸡距，就难以表现入木三分的功效。

它和手上的汗水相亲，跟随手指的动作运动。以严格的方式握笔，以合适的法度书写。蘸染松烟做成的墨汁，挥洒在像鹅毛一样洁白的素笺上。没有笔画不像屈铁盘丝一样有力，点像垂露一样饱满圆润的时候。如果用于写作檄文，就会摧毁敌人的士气，在交战前就造成声势；如果用于草拟圣旨，就会独步一时，有着无与伦比的精美。察其所以，推其缘故，尽管说是使用事物用其长处（指兔毫），也在于借用名称、善于比喻（指鸡距）。假使仅仅跟着物类一起丢弃，没有遇到合适的人，那么鸡距就会缩在公鸡爪上，而长毫也会在寒兔身上被摧残掉，又怎么能够取名于鸡兔，移用在笔上面呢？当光线照在赤色的笔管上，就像红黑色的鸡爪刚刚举起；面对红色的笺纸时，就像美丽的鸡胸刚刚展开。停笔不写，已经和翘足栖息的夜晚相似；奋笔疾书，又仿佛处于张爪争斗的时刻。假如名实相符，就能确信动静也与之（指鸡兔）相似。它的使用不会出现困顿，它的美好没有他物与之相比。用草作为名号的（比如以芦秆作笔）质地低劣，折断蒲草来书写的笔体太柔。那些笔都过于琐细，鸡距笔实实在在，非常特殊。因此握着它就变成了金色的鸡距，用它书写（字迹）就变成了银色的剑钩（钩：古代一种刀剑的名称）。

既然如此，那么董狐执着它可以写成良史，孔子握着它可以删定《春秋》。它不像鸡毛的原因，是鄙视鸡毛的轻薄；它不取鸡冠的原因，是憎恶鸡冠的软弱。这鸡距，像剑像戟（那样的刚健锐利），可以拴住，也可以捆绑。将要强化我的笔，一定要借助你的锐利。于是使得见到它的写字的人狂性发作，握着它的人书写也更加有力。挫败万物而成人文（意为“人类文化”），书写八行（通常指信笺）如鸟飞落的痕迹。有时在笔袋之中，像锥子在囊中那样潜藏；有时写在团扇上，和（山鸡）舞镜一样洒脱。读书人在水池边学习书法，背着书登上山峰。口水已经濡湿笔头，笔管仍然在握没有落下。经过兔园（西汉梁王的园囿）容易引发感慨，眼望鸡树（指中书省）而难以登攀。只愿在爪趾之下争雄，盼望在笔砚之间发挥出才气。

白居易，字乐天，号香山居士，祖籍太原，到其曾祖父时迁居下邽，生于河南新郑。白居易是唐代伟大的现实主义诗人，唐代“三大诗人”之一，脍炙人口的《琵琶行》就出自他之手。白居易与宣城结缘得益于其叔父，当时任宣州溧水县令的白季康。在他的引见下，白居易拜见了宣歙观察使崔衍，并得到崔衍的赏识和举荐。因此，白居易不仅寓居过宣城，在这里读书应考，而且是由宣城地方官推举他上京应考的。贞元十六年(800)白居易中进士第四名，长安及第后，从京都归觐，先是回到原籍，继而来到宣城，写下《叙德书情四十韵上宣歙崔中丞》，表达对宣歙观察使崔衍推荐的感激之情。这段经历可能是白居易比一般文人更了解宣城和宣笔，并多次为宣笔题诗作赋的原因之一。

鸡距笔到底是怎样的一种笔？仅从《鸡距笔赋》中只能了解大概，不能知晓究竟，幸好现在还有实物可以参照。唐时，随着政治、文化方面影响和势力的扩大，中国文化也传播到朝鲜、日本等周边国家和地区。日本的遣唐使在把中国的书法艺术带回日本的同时，也把大批中国毛笔和中国制笔技术带回日本。日本奈良正仓院所藏中国唐笔，丰富多彩，有斑竹管的，也有斑竹管镶象牙的，还有全象牙管的。其中有一管“天平笔”，即《东瀛珠光》中所载“天平宝物笔”，如图1-16所示。其管上有墨书“文治元年八月廿八日开眼法皇用之天平笔”云云，虽为后世所用，制作时间则为天平时代。日本天平时代相当于中国唐代中期(天宝、至德年间)，正是中国文化输入日本的极盛时期。盛唐时期书画勃兴，技法多样，对毛笔的性能及功用提出了新的要求，这在一定程度上促进了毛笔制作技艺的不断创新。

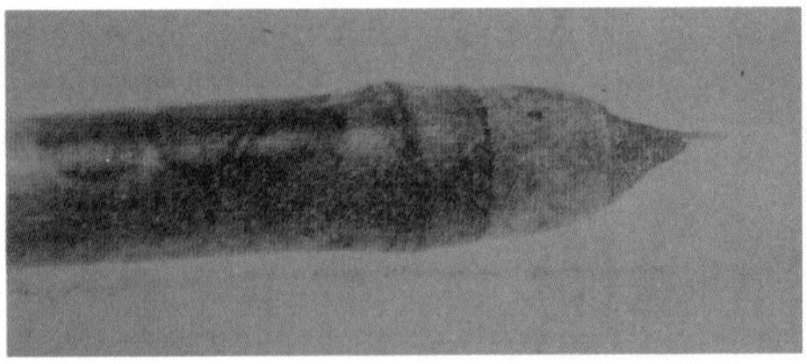

正仓院藏中国“天平笔”
–
图1-16

20世纪80年代初，曾有日本商人带着日本仿正仓书院的唐笔样品到中国来订购这种仿鸡距笔。但是，日本客商并没有要求完全照样品制作，而只要求做出这样的笔形。原因很简单，这种做法不能批量生产，生产效率比较低，当然成本就比较高。现代，泾县宣笔厂开始复原鸡距笔，其他地方也都做过。虽然这种笔的外形与正仓院唐笔相像，但因其结构不一样，因此严格来说不属于唐鸡距笔的范畴。

近些年,随着研究更加深入,对于鸡距笔的制作方法有了更进一步的了解。根据目前的认识,鸡距笔制作的核心工艺大致为:用紫毫(黑尖)作笔芯,用麻纸或皮纸(楮皮纸或桑皮纸)裹,从笔锋留出一定长度处开始,螺旋式地往根部裹,越裹越粗(每加一道毛裹一道,一般裹两三道),加披毛,捆扎后就成形了。

如图1-17所示为佘征军复制的鸡距笔笔头。从制作工艺看,裹纸的作用相当于后来的加衬毛。每一道芯毛外裹纸,可以裹一道,也可以裹两至三道。所披盖毛,可起到含墨的作用。用这种笔抄写经卷最佳,但写不了大字。如图1-18所示为佘征军复制的唐鸡距笔。

佘征军复制的鸡距笔笔头

–

图1-17

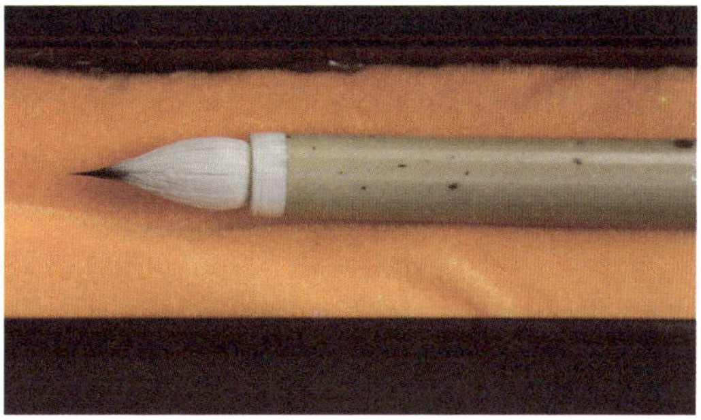

佘征军复制的唐鸡距笔

–

图1-18

唐时,还有一种唐笔可以写大字,那就是"散卓笔"。据宋董更《书录》记载:唐太宗十分留心笔札,有一位名叫王着的蜀人,应召进御书院,后任翰林侍书。王着擅草隶,独步一时。智永的《千字文》缺数百字,王着补写之后,世亦宝重。王着擅写大字,其笔甚大,全用劲毫,号"散卓笔"。太宗曾经令他当场献艺,先是在一张纸上写八个字,后又写六字,再四字,再两字,最后仅写一字,"皆极于遒劲,上称善"。据《杨文公谈苑》称,唐时散卓笔市价一管百钱。

这里提到"散卓笔"的特征,首先是"甚大",每张纸从写八字到写一字;其次是"全用劲毫",意思是说用紫毫制作的,这可以段成式(字柯古,约803—863)《寄余知古秀才散卓笔十管软:健笔十管书》中"散卓尤精,能用青毫之长"为佐证。明代学者娄坚《学古绪言》卷二十中称,他自己请人用紫毫制一大笔,形如枣核,长度达到一寸半,既可写蝇头细字,也可写四五寸见方的大字,不仅极得心应手，而且非常耐用。可以认为王着所用的散卓笔就是娄坚所描述的这种笔，能写大字，亦能写小字。唐代造的纸幅比较小，不能按现在一张四尺宣纸的尺幅来理解。当时最常用的写八行诗的笺纸，大约相当于现在的A4打印纸大小，用最大号的紫毫笔是可以做到在一张纸上仅写一字的。

散卓笔之所以可以写大字，是因为其在制作方法上改变了鸡距笔的笔芯，把鸡距笔对笔芯的束缚解除了，将其可以书写的部分由原来的笔尖一小段改成了整个笔头。换句话说就是，现在绝大部分毛笔都是散卓笔。

二、名家辈出，不断创新

宣笔之所以成为历史名笔，除了宣州当地出产的原料质量优良之外，还有一个重要的原因，就是一代又一代传承人对技艺的薪火相传。唐代文献中就有相关的记载，从宋代开始，记录宣笔制笔名家的文献明显增多。

五代继承唐代遗风，非常重视书画艺术，特别是南唐王室，对文房用品可谓精益求精。著名的澄心堂纸、李廷珪墨都出现于这一时期。唐代宣州著名笔工中，以诸葛氏家族影响为最大。据《清异录》记载："伪唐宜春王从谦，喜书札，学晋二王楷法。用宣城诸葛笔一支，酬以十金，劲妙甲当时，号为'翘轩宝帚'，士人往往呼为'宝帚'。"宋代龙衮《江南野史》称：宜春王从谦是南唐元宗李璟的第九子，后主李煜的同母弟，"幼而聪悟好学，有文辞，年未弱冠有能诗之名"。这位王子酷爱书法，专用宣城诸葛笔，一支笔给十金。用宣城诸葛笔写出的字字体苍劲，妙甲当时。由此可见，唐代享有盛誉的宣城诸葛笔在五代时仍独领风骚。

宋代开始流行使用高腿桌椅，人们写字的姿势也有相应的变化，由盘坐在榻上或在矮几上悬肘书写，变为坐在高椅上伏案悬腕书写，这种变化对毛笔提出了新要求。宋代毛笔在继承前代的基础上有所革新，在形制、选料和制作上都表现出鲜明的时代特色。

宋时，宣州作为最重要的制笔中心仍需贡笔。据《宋史》卷八十八记载，宁国府本宣州宣城郡"贡纻布、黄连、笔"。此外，宣州制笔还向周边传播，如《宋史》记载："江宁府亦贡笔。县五：上元、江宁、句容、溧水、溧阳。"

各家制笔聚族为业，竞争激烈。为了在竞争中取得优势或保住名望，各家都努力推陈出新，整个制笔业呈现一派繁荣景象。

诸葛氏制笔在宋代仍享有很高的名誉。据宋叶梦得（字少蕴，1077—1148）《避暑录话》记载：“世言歙州具文房四宝，谓笔墨纸砚也，其实三耳。歙本不出笔，盖出于宣州，自唐唯诸葛一姓世传其业，治平、嘉祐前，有得诸葛笔者率以为珍玩，云一支可敌他笔数支。”唐代诸葛氏制笔已声名显赫，到了宋代，特别是在嘉祐（1056—1063）、治平（1064—1067）以前，诸葛笔更是独步海内。名匠诸葛高技艺最精，他制作的“诸葛笔”受到当时文人青睐，常被当作贵重礼品馈赠亲朋，无论是达官贵人还是普通士子，都以得到诸葛笔为幸事。

那一时期的文人，如著名诗人梅尧臣、欧阳修、苏东坡、黄庭坚等十分推崇诸葛笔。梅尧臣（字圣俞，世称宛陵先生，1002—1060）《次韵永叔试诸葛高笔戏书》中载：

“公负天下才，用心如用笔。端劲随意行，曾无一画失。因看落纸字，大小得疏密。笔工诸葛高，海内称第一。频年值我来，我愧不堪七。安能事墨研，欲效前人述。懒性真嵇康，闲坐喜扪虱。是以持献公，不使物受屈。果然公爱之，奇踪写名实。岂惟播今当，当亦传异日。嗟哉试笔诗，藏不容人乞。”

欧阳修（字永叔，号醉翁，1007—1072）得到梅尧臣赠送的诸葛笔后非常兴奋，也有《圣俞惠宣州笔戏书》诗：

“圣俞宣城人，能使紫毫笔。宣人诸葛高，世业守不失。紧心缚长毫，三副颇精密。软硬适人手，百管不差一。京师诸笔工，牌榜自称述。累累相国东，比若衣缝虱。或柔多虚尖，或硬不可屈。但能装管榻，有表曾无实。价高仍费钱，用不过数日。岂如宣城毫，耐久仍可乞。”

诗中赞美诸葛高制笔“紧心缚长毫，三副颇精密。软硬适人手，百管不差一”，并以京师制笔与诸葛氏宣笔相比较，认为京师笔“或柔多虚尖，或硬不可屈”，且价高寿短，不如宣笔经久耐用。

苏轼（字子瞻，号东坡居士，1037—1101）对诸葛笔也情有独钟。据历史文献记载，苏轼在友人孙叔静处用诸葛笔，惊叹此笔“乃尔蕴藉耳”。他曾得到唐彦猷所赠送的两束诸葛笔，每束10色，奇妙之极。苏轼说：“本朝宣州诸葛氏笔，擅名天下久矣。纵其间不甚佳者，终有家法。苏轼还将“饮官法酒、烹团茶、烧衙香、用诸葛笔”并称“北归嘉事”，足见诸葛笔在其心中的地位。黄庭坚在《跋东坡论笔》中称：“东坡平生喜用宣城诸葛家笔，以为诸葛之下者，犹胜他处工者。平生书字,每得诸葛笔,则宛转可意。自以为《笔论》穷于此,见几研间有枣核笔,必嗤诮,以为今人但好奇尚异而无入用之实。然东坡不善双钩悬腕,故书家亦不伏此论。”

苏轼在《东坡志林》中说:“近日都下笔皆圆熟少锋,虽软美易使,然百字外力辄衰。盖制毫太熟使然也。鬻笔者既利于易败而多售,买笔者亦利其易使,惟诸葛氏独守旧法,此又可喜也。”从这里可以得知,当时有人制笔投机取巧,少用锋毫,过于“圆熟”,用不了多久就得丢弃,这与当前普遍存在的“快餐”现象十分相似。然而,诸葛氏独守旧法,不随波逐流,甚堪称赞。

黄庭坚(字鲁直,号山谷道人,1045—1105),在受赠诸葛笔后曾写下一首《谢送宣城笔》诗:“宣城变样蹲鸡距,诸葛名家捋鼠须。一束喜从公处得,千金求买市中无。漫投墨客摹科斗,胜与朱门饱蠹鱼。愧我初非草玄手,不将闲写吏文书。”诗中“鸡距”“鼠须”皆笔名。

宋代学者邓肃(字志宏,1091—1132)在《论书》一文中谈到诸葛笔与普通毛笔的区别:“持笔如驭将,柔顺从指者,皆非良材;而狰狞纵逸者,亦不可制。要当兴伏抑按,每从人欲,而纸上戛戛,自有生意,然后为妙笔也。近世人多作无骨字,盱睢侧媚,有乞怜之态,故其所用者皆无心冗毫也。此笔才入手,则诸葛所制当为生硬矣。不能用诸葛笔而欲作字,如项羽弃范增而欲取中原也,其可乎?!”

唐代风行的鸡距笔在宋代还一直使用。苏东坡在其他一些诗文中也提及鸡距紫毫笔,如《文与可有诗见寄次韵答之》诗云:“为爱鹅溪白茧光,扫残鸡距紫毫芒。世间那有千寻竹,月落庭空影许长。”

陆游(字务观,1125—1210)《醉中录近诗因题卷后》云:“鹅儿色浅酒醺人,鸡距锋圆笔绝伦。满引一杯书数纸,要知林下有闲身。”赞美鸡距笔锋圆绝伦。陆游是南宋诗人,由此可见,在他生活的年代,鸡距笔仍受到一些文人的追捧。

唐代即已出现的散卓笔在宋代使用更加普遍。宋代学者叶梦得在《避暑录话》中说:“熙宁后,世始用无心散卓笔,其风一变。诸葛氏以三副力守家法不易,于是浸不见贵,而家亦衰矣。”我们显然不能根据此处的“世始用”认为散卓笔是熙宁(1068—1077)后才出现的,有众多迹象表明唐代已经有此种笔。文中所说的“无心散卓笔”是指在原有制作笔的过程中,省去柱心,直接选用一种或两种毫料，散立扎成较长的笔头，并将其深埋于笔腔中，从而达到坚固、劲挺、贮墨多等性能。宋代苏易简《文房四谱》中介绍说："先用人发抄数十茎，杂青羊毛并兔毳，惟令齐平。"这种笔笔头较大，笔头的大部分纳入笔腔；笔锋较长，含墨多，宜于书写和作画。苏东坡最喜欢用散卓笔，黄庭坚评论说：苏翰林用宣城诸葛齐锋笔作字，疏疏密密，随意缓急，而字间妍媚百出。

宋代笔实物现代也有出土。1988年，安徽省合肥市宋太师舒国公孙马绍庭夫妇墓出土的宋笔（图1-19），笔管、笔帽均为竹制；笔毛已朽，仅残留笔芯，已碳化成黑色；柱心似由硬毫与麻纤维制成，软毫为披，属长锋柱心笔[①]。此笔应处于柱心笔到散卓笔的过渡阶段。1975年，江苏金坛南宋周瑀墓中出土的毛笔也是长锋笔，说明长锋笔在宋代不仅已经出现，而且可能较流行。

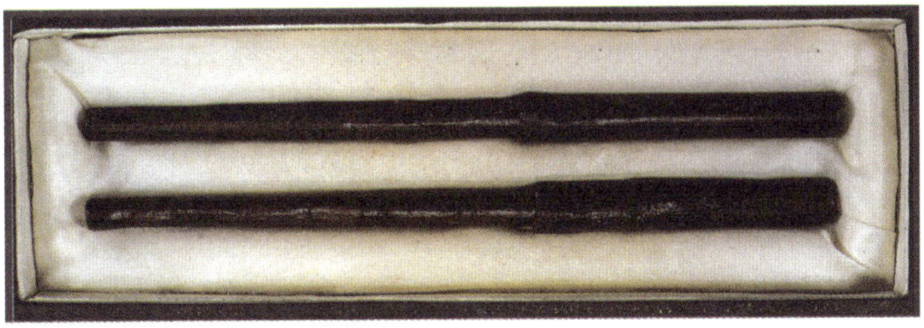

宋代宣笔
–
图1-19

据宋代阮阅（生卒年不详）《诗话总龟后集》称，苏东坡认为，散卓笔只有诸葛氏可以制作，其他"笔工效诸葛散卓，反不如常笔。正如人学老杜诗，但见其粗俗耳"。如果此说准确，那就意味着诸葛家不仅制作散卓笔，而且做得很好，他人难以模仿。

与苏轼同时代的宋代书法大家蔡襄（字君谟，1012—1067）也说过诸葛高造散卓笔。"宣州诸葛高造鼠须、散卓及长心笔绝佳。常州许顿所造二品亦不减之。然其运动随手无滞各是一家，不可一体而论之也。"蔡襄比叶梦得年长65岁，他说诸葛高造的散卓笔绝佳，说明散卓笔的出现并非在熙宁之后。看来叶梦得的说法不够准确。

以宣笔为代表的宋代毛笔在保持传统的同时不断推陈出新。宋都城南迁之后，政治、文化中心随之南移，宣城制笔业受到很大影响，一些工匠开始迁

①朱世力，《文房珍品》，香港：两木出版社，1995版，第109页。

徙、改行，宣笔制作业渐渐衰落。当时虽然仍有少数笔工承旧业，继续制作宣笔，但其产品的数量、质量、品种，特别是影响力与前已不可同日而语。当时的制笔业中心也逐渐南移到浙江湖州。

第三节 湖笔崛起与宣笔衰落

湖笔替代宣笔成为毛笔的翘楚有一个漫长的历史过程。湖州制笔的历史也比较早，元代以后影响力逐渐加大。其原因有二：一方面，文人画的兴起对笔的性能提出新的要求，羊毫笔逐渐替代毫笔成为主流笔种；另一方面，制笔理论的成熟和一批优秀的制笔艺人的出现保证了湖笔在制作技艺上的引领潮流的地位。

一、湖笔的崛起

南宋时期，政治中心南移到临安，加上宣州位于南北势力交会处，受长年征战的影响最为严重，笔工纷纷逃离家乡，四处谋生，宣笔制作业自此走向衰落。与此同时，与宣州相邻的浙江湖州，其制笔业出现了蓬勃发展的良好局面。

湖笔发源于浙江湖州（吴兴）善琏镇，因善琏属湖州，故其地所产笔称湖笔。善琏镇位于湖州东南部，是典型的江南水乡集镇。据史料记载，王羲之七世孙智永禅师（南北朝至隋朝时人）“结庵琏溪，往来永兴寺，笔工萃于此乡北，取兔毫于溧之中山南，取绿管于越之文山，故其制独精”，这说明湖州制笔历史也较为久远。李白有一首《草书歌行》：“少年上人号怀素，草书天下称独步。墨池飞出北溟鱼，笔锋杀尽中山兔。”诗中写的是“草圣”怀素少年时刻苦练习书法，洗笔洗黑池水，用坏无数支毛笔的事。由“笔锋杀尽中山兔”一句，可知李白认为怀素写字用笔为宣笔。

南宋之后，湖州因毗邻政治、经济、文化中心杭州，故其制笔业发展具备了良好的外部条件。宣笔制作业衰落后，一部分宣州笔工流散到徽州，依附徽墨制作和歙砚制作谋求生计；另有一些优秀的宣州笔工流散到湖州，把宣笔传统制作工艺也带到了当地，促进了湖笔制作技艺的改进和提高，为湖州制笔业发展提供了内在动力。

宋元时期是中国文人画发展史上一个重要阶段，文人画新的走向对毛笔制作技艺提出了新的要求，为湖笔的崛起注入了生机。文人画讲求笔墨情趣，脱略形似，强调神韵，重视文学、书法修养和画中意境的缔造。文人画的由来可以追溯到汉代，张衡、蔡邕皆有画名。如果说宋代的苏轼是文人画的积极倡导者，那么宋末元初的赵孟頫则可算是开元代文人画风气的先行者。作为美术理论家，赵孟頫主张"以云山为师"，作画应"贵有古意"，且应"书画同源"，这为元以后文人画的创作奠定了理论基础。如图1–20所示为赵孟頫画作《二羊图》。

赵孟頫画作《二羊图》(摘自李涛等《中国传世藏画》第二册)

–

图1–20

当然，湖笔的发展终究离不开湖州的能工巧匠。以冯应科、陆文宝为代表的制笔名家，为湖笔的兴起做出了巨大努力。元初湖笔制作大师冯应科，是湖州制笔业的一面旗帜，其毛笔制作精良，为当时文化界推重。冯应科的笔与赵子昂的字、钱舜举的花鸟画，并称“吴兴三绝”。

值得注意的是，宋元时期书画家对于发展制笔技艺的贡献并不只于对毛笔的性能提出特定的要求，更在于参与毛笔新品的研制。赵孟頫既能自制毛笔，也精于抒毫之法。据清代学者钱泳（字立群，号台仙，一号梅溪，1759—1844）《履园丛话》称：相传赵松雪能自制笔，取千百支笔试之，其中必有健者十支。则取数十支拆开，选最健之毫并为一支。如此得心应手，一支笔可用五六年，此其所以妙也。谚曰“能书不择笔”，实妄言耳！

赵孟頫能制笔，也许并非因为他是书画家。据说冯应科的制笔技艺是赵孟頫的叔父赵與传授指导的，而赵公的制笔技艺则传承自徐信卿。据史料记载：“宋季太末，徐信卿笔名重缙绅间，玉溪尚书赵公以徐制法授冯应科，俾之日缚一管，不合意即拆裂，复为之，必如法乃止。松雪公乃玉溪从子，尝亲见其事，故以此法授之陆颍，冯、陆齐名，实本于此。”

这个“玉溪尚书赵公”指的就是赵孟頫的叔父赵與。赵與字德渊，号玉溪，南宋嘉定十三年（1220）进士，官至吏部尚书加端明殿学士。赵與指导冯应科学习徐信卿的制笔之法，严格要求，精益求精，如法乃止。赵孟頫则亲眼见此过程，自己也掌握其工艺流程和关键点，并将此法传授给湖州笔工陆文宝。

湖州制笔最初也以兔毫为主。明初解缙曾作《笔妙轩》，诗中不仅对陆文宝制笔技艺赞赏有加，如“近代喜称陆文宝，如锥如凿还如椽”“闻君制作非寻常，尖齐圆健良有方”“陆君早为人所称，英气凛凛当青春”等语，而且有“善书不择新与故，一锋杀尽山中兔”之句，说明当时陆文宝制作的毛笔仍以兔毫笔为主。明谢肇淛《文海披沙》亦称：“今吴兴兔毫，佳者值百钱，而羊毫者二十分之一。”

在文人画新走向的推动下，元末以后，羊毫笔发展迅速，并逐渐取代紫毫笔成为主要品种。生活于元末明初之际的诗文家孙作（字大雅）在《赠笔生张蒙序》中指出：“国初，此法流吴兴，自冯应科、陆颖辈首被赵文敏赏识，而宣州之笔殆无闻焉。”

与孙作同一时期的文学家瞿佑（字宗吉，1341—1427）在一首名为《羊毫笔》的诗中也谈到这种状况：“毛颖年深老不能，中书模画叹难胜。管城忽现左元放，草泽不容严子陵。壁上榴皮功可述，门前竹叶事无凭。刚柔何必吹毛问，耐久真堪作友朋。”大意是说：兔毫宣笔已经衰老，难以承担重任。制笔业中突然出现羊毫新锐，这是湖州笔工们的贡献。至于江东兔毫不胜制笔，是否由于兔食竹叶所致，现在已无从说清。反正现在的湖笔刚柔相济、经久耐用，真是不错。

羊毫笔成为主流用笔，主要原因是它能满足当时书画创作的需要。元代文人画追求以书入画，注重笔法的写意特征，要求所用笔锋软硬、弹性适中，笔头储墨量大，湖州长锋羊毫笔恰好具备上述特征。湖州一带产白山羊，其毛长而色白，尖端锋颖长而匀细柔软，特别适宜制作长锋羊毫笔。

据《湖州府志》记载：“湖州出名笔，工遍海内，制笔者皆湖人，其地名善琏村。”另据清康熙年间(1662—1722)江登云《素壶便录》记载：“湖笔出归安县善琏村，亦数千户地，非一姓罔不习其技者，至女流皆能为之，各省贩客群集。”由此可见当时善琏制笔盛况。元代湖州制笔以善琏为中心，以后，随着时间推移，湖笔制作技术逐渐向周边传播，促进了江浙一带制笔业的整体发展。

二、式微后宣笔的发展

元代以后，宣州制笔业虽然失去了中心地位，但宣笔生产仍在继续。据清代歙县江登云撰《素壶便录》记载：“江浙造笔，古推宣州，今太平人尚精其技，其地名赶坦(甘棠镇，今太平县城)，刘、程、崔三姓聚族各千余家，强半攻其业。本朝以来，以刘公豫、刘文聚笔为最。公豫之后，刘立征能世其传，近时程彩禄亦称佳制。”说明清代宣笔技艺仍在传承，而且宣笔制作的规模和质量仍能称誉一时，文中所说的刘公豫、刘文聚、刘立征、程彩禄等都是当时著名的笔工。清代有笔工王永清，制羊毫笔以圆健著称，尤擅笔根的精细加工。清代安徽泾县籍学者、书法家包世臣(1775—1855)在《艺舟双楫》中称王永清“治笔于家，不传徒，不设笔肆”。

当时一些笔工依附制墨业，使一些著名的墨庄扩大业务，如曹素功、胡开文都是制墨大家，同时也监制毛笔。徽州的詹斗山、六安一品斋或以制笔为主兼营纸墨，或以制墨为主兼营纸笔，其所制之笔，依然质地超群，享有盛誉，在不同程度上推动了我国制笔业的发展。20世纪上半叶，宣州的泾县有务本堂笔庄、陈氏笔庄、凤官塘笔庄、刘步云笔庄、汪锦云笔庄、青云笔庄等作坊8家，年产宣笔10万支。除宣州外，芜湖、合肥、六安、安庆等地也有宣笔生产。

清代安徽著名笔工夏均安于光绪三十一年（1905）秋，在六安东门大街塘子巷口开办“六安一品斋笔店”。宣统元年（1909），一品斋笔店选送的“仿古京庄”“大卷紫毫”等毛笔在“南洋劝业会”（工艺品赛会）上被评为一等工艺品，获金、银奖牌各1枚。如图1-21所示为清代一品斋制笔。

清代安徽六安一品斋制“爱写黄庭羊毫笔”

图1-21

毛笔作为一种最常用的文房用品，其可以在家庭规模的手工作坊里生产完成。在交通和物流业极不发达的过去，只能就地取材，在本地及周边销售。因此，其产地必然遍布全国各地。

古代宣笔之所以有名，当然与其原料和制作工艺都达到很高的水准密不可分。宣笔正是因为其质量高，所以受到一些文人的追捧，并被纳入进贡朝廷的物品。但是，这并不表明当时只有宣笔，或者其他地方的文人都来购买宣笔。其实，当时既没有大规模生产的制笔厂，更没有像现在这样遍布各地的快递服务，只有一家一户经营的手工作坊。当时尽管所有的文人都用毛笔，但毛笔的产量并不高，因为当时会写字的读书人相对较少。

根据上述分析，我们可以做出这样的判断，即使是在唐宋宣笔制作业最辉煌的时期，宣笔的产量也未必非常高，其只是因为面向高端消费者，受到著名文人的青睐而名垂史册。同样，在元代以后，随着湖笔的崛起，宣笔虽走向衰落但并没有销声匿迹。实际上，在传统社会任何一个时期，在某个区域内，都不止一个地方出产毛笔。只是如果有文字史料记载，后人就会知道其存在，没有记载，便似乎不存在。

《泾县志》中有顺治十年（1653）“分解都水司笔管五百七十五支，兔皮二十一张，香狸皮九张，山羊毛二斤”的记载，说明清初宣笔和本地出产的制笔原料仍被征调。

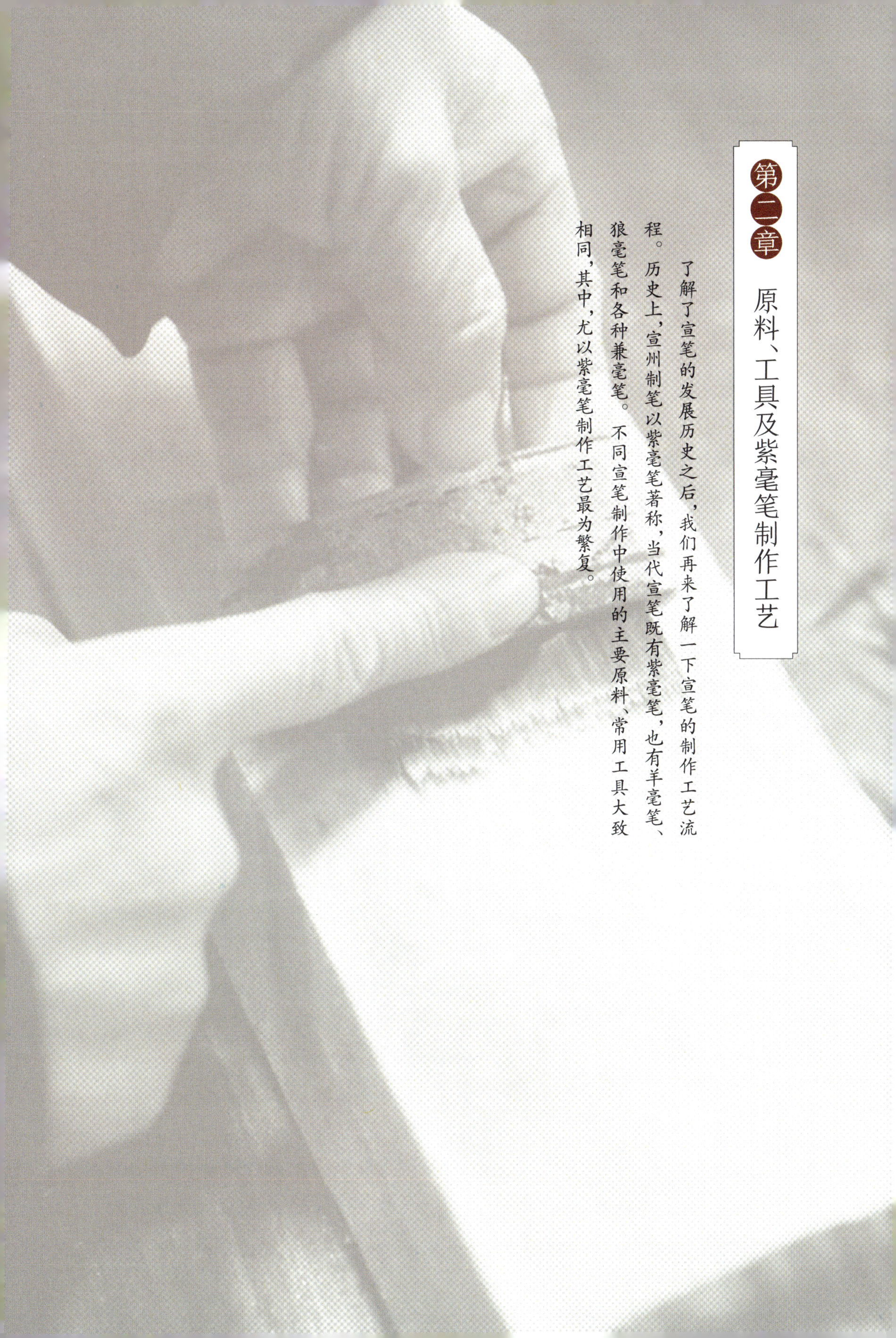

第二章 原料、工具及紫毫笔制作工艺

了解了宣笔的发展历史之后，我们再来了解一下宣笔的制作工艺流程。历史上，宣州制笔以紫毫笔著称，当代宣笔既有紫毫笔，也有羊毫笔、狼毫笔和各种兼毫笔。不同宣笔制作中使用的主要原料、常用工具大致相同，其中，尤以紫毫笔制作工艺最为繁复。

第一节
主要原料与常用工具

制作毛笔所用的原料，包括制作笔头所用的动物的毛发和制作笔管所用的材料，这些原料都是经过千百年历代制笔者不断尝试、筛选的结果。同样，制笔工具也是在不断的改进中渐趋合理适用的。这些物质层面的内容是构成宣笔制作技艺这项非物质文化遗产的重要组成部分。

一、动物毫毛

制作毛笔所用的主要原料是动物的毫毛，最常用的有兔毫、羊毫和黄鼬尾毫（有读者以为狼毫笔是用狼的毫毛制作的，实际上狼毫笔原料选用的是黄鼠狼尾部的毛）。此外，石獾、猪獾、狗獾、果子狸等动物的毫毛，包括鸡毛等，也常被用于制作不同规格的毛笔。制作毛笔，尤其是高档毛笔，其原料选用十分讲究，不同规格的原料，价格差别极大。下面主要介绍几种制作毛笔最常用的原料。

1. 兔毫

兔毫取自野兔的皮毛。野兔在我国分布较广，安徽、福建、广东、广西、贵州、湖南、江苏、江西、浙江、台湾等地均有。宣州本地至江苏溧水一带、长江以东地区丘陵地带生长的野山兔，自古以来为宣笔制作提供了优质原料。据说，利用山的避阳面生长的野兔皮毛制作的紫毫挺拔且较长，弹性好。还有一种野兔称淮兔，生长在苏北平原地区，其毫较软，虽没有中山兔毫那样刚健，且比较短，但柔性较好。

深秋至初冬时节猎捕到野兔之后，要将剥下的鲜皮撑开，摊铺在土墙面上，自然风干，即得如图2-1所示的兔皮板。因为兔子每年春秋季都要换毛，所以兔皮上的毫都是当年生长出来的。同时，两年生以上的兔子体形大、营养足，毫的质量较好。如图2-2所示为察看兔皮毛锋质量的情形。

兔皮板
–
图2-1

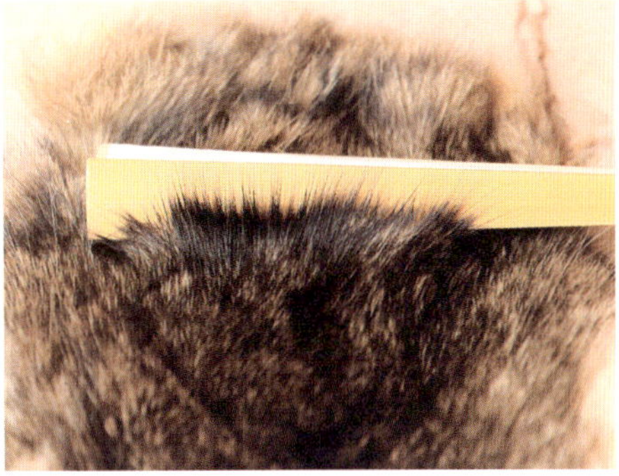

察看兔皮毛锋质量的情形
–
图2-2

有专门做皮毛生意的皮毛商，将零星的兔皮收集起来，加工成皮板销售。近年的行情是每张皮均价在15元左右。冬天收的皮板要尽快处理，因为一旦到了夏天，皮板就会腐烂生蛀虫，难以保存。取下的优质兔毫作为原料，可以与黄鼬尾等一道存贮于冰箱中，避免被蛀。如图2-3所示为起过的兔毛片。

起过的兔毛片
–
图2-3

2.羊毫

制作羊毫笔所用羊毫，取自山羊身上的毛。据安徽砀山毛笔制作技艺省级代表性传承人邵家干介绍，他年轻时跟着母亲学习做毛笔，用的就是本地的山羊毛。他们一般清晨去菜市场，在卖羊人手上寻找有优质羊毛的羊，买来之后自己宰杀，单是羊毛的价值就抵得上买羊的钱，羊肉反而是净多出来的，大家可以尽情享用。江苏启东、如东、南通、如皋等地，自古以来就是羊毫原料的主产地。当地有一群专门做羊毛生意的人常在羊市上转，若发现哪只羊身上的羊毫适合做笔，就把这只羊买回去，自己宰杀。宰杀后，类似于杀猪去毛，先用开水烫过，再连着羊的表皮成片地推下来，这样成片不会散开。原料毛按级别分类，晒干后在毛笔原料市场上销售。时间一久，用户与供应商之间就会建立密切的联系，用户需要什么原料可以提前告知，有时供应商有了好的原料也会主动联系。

据业内人士分析推测，长江入海口以北、盐城以南及江苏启东、南通一带的本种山羊毛是制作羊毫笔的上等原料，一是因为当地山羊圈养在家，以草喂养，没有经日晒风吹雨淋，羊毫锋颖没有受到摩擦损伤；二是因为当地滩涂多，草料含盐分较高，加上湿度大，对毛颖生长有益，羊毛出广锋多。

宰杀羊的时间一般在冬至后一个月左右（“三九”“四九”期间最佳）。宰杀后先用开水浇烫毛皮，然后将全身的毛煺下，晒干，作为成品原料出售。制作高档毛笔最好选用重量在10千克左右（不超过20千克）当年生公羊毛。上等的细广锋一般长在背部前端与颈根部，一只羊最多也只能取100克左右。羊不同部位生长的毛各有特点，如颈上相当于马的鬃毛所在的位置生长着“长广锋”“中广锋”和“短广锋”“羊须”；在胸部取“白尖锋”，臀尖取“黄尖锋”；在头部取“头爪锋”，脚部取“脚爪锋”；颈部下面的不太好的毛或者腹部等部位的“粗爪锋”等。如图2-4至图2-15所示为不同品种的羊毫。

细直锋
–
图2-4

老广锋
–
图2-5

细长锋
–
图2-6

中广锋
–
图2-7

脚爪锋
–
图2-8

头爪锋
–
图2-9

黄尖锋
–
图 2-10

长广锋
–
图 2-11

羊须
–
图 2-12

羊尾毛
–
图 2-13

粗广锋
–
图 2-14

细广锋
–
图 2-15

值得一提的是，当地养羊的主要目的是卖羊肉，因此现在有不少地方引进波尔山羊。波尔山羊产肉量虽大，但其羊毛不适合做笔，波尔山羊与土山羊杂交的品种也是如此。现在，优质羊毫越来越稀缺，价格年年飙升。现在最好的毛是如图 2-16 所示邵家干先生向笔者展示的上等细嫩广锋羊毫，每 500 克价格三四万元，较差的也要七八千元。这种细嫩长广锋取自生长期只有十个月左右的小羊，一般是春节以后出生，养到霜降过后宰杀。最好的锋毛长在羊的颈项上面，相当于马鬃的位置。当然，这样养出来的羊也只是少数有这样的毛。这种羊如果不及时宰杀，过一些时日嫩广锋就长成了老广锋，细而更长。再过些时日，毛的锋颖上会长出一个疙瘩，俗称“芦花头”，相当于紫毫上的蕾。原本 500 克价值万元左右的毛，长了芦花头之后，价格会降到千元以下。养羊户大多不懂得羊毛这其中的讲究，一般都是做原料毛生意的人为适应市场需求，钻研其中的奥妙，把毛分得很细。做原料生意的人在集市上买羊的时候，如果发现长有这种上等料的羊就留下来自己养，然后准确把握宰杀的时间。

如图2-17所示的是采购来的一簇簇根部有表皮组织粘连在一起的原料毛。一般来说，首先要将原料毛按长短、粗细、色泽、有锋或无锋等不同，粗分为三种用途的毛：一种是细而锋长的毛，可以用作盖毛；一种是细而直且有尖的毛，可用作芯毛；还有一种就是粗而秃的毛，只能用作衬毛。每一种再分长中短，可以制作不同规格的笔。分类之后各自分别存放，这样在使用时方便取出，同时也可以知道库存的有哪些料、还缺什么料，做到心中有数。

细嫩广锋羊毫
–
图2-16

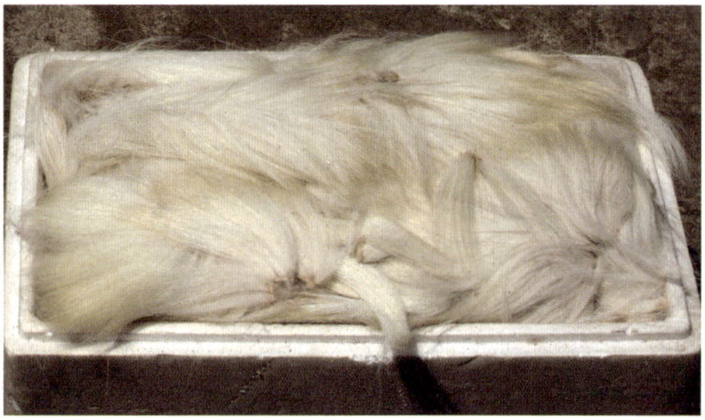

原料毛
–
图2-17

对羊毛品类做进一步精细划分，可将其分成几十个品种，如最优质的有细广锋、细直锋，次一等的有白尖锋、黄尖锋、细长锋、广长锋、粗爪锋、上爪锋、透爪锋、脚爪锋，最次等的有长粗毛，等等，供制作不同种类、形制、品质的笔选用。负责粗分的人员根据自己的经验，对每一簇原料毛都要进行审查、评级；同一簇中如有不同品质的毛，还要撕分开，具体操作如图2-18所示。粗分后将这些毛分类存放在标有规格标签的容器中，天晴时要拿出来晾晒，以防虫蛀（图2-19）。使用时，根据不同档次和规格的笔，选用相应的原料。

从事此项工作的人员一般都有一定的制笔经验，了解各种毛的用途，他们在长期的实践中养成了良好的感觉，可以准确地判断毛料的级别和最佳用途。前面分类越细，工艺越精到，后面工序就会越简单。尤其是制作高档笔，对用料规格有严格的要求，如果分类不当，不仅会造成浪费，而且会给后续工作带来诸多不便。当然，这里的分类总体上讲还是粗分，在接下来的水盆工阶段，还要再进一步精选。

购来的羊毛要进行分类
–
图2–18

晒羊毛
–
图2–19

尽管购买兔皮和后文介绍的黄鼬尾、石獾皮等都需要一定的专业水准，但与之相比，购买羊毛是技术含量更高的工作。购买羊毛必须由经验丰富的专业师傅完成，这是因为不同羊毛的品质和价格悬殊较大，每500克价格从几百元到数千元不等，有的甚至数万元，一旦“看走眼”，就有可能付出很大的代价。有经验的师傅在看货时，首先会对整批货有一个总体的认识和判断，然后再采取随机抽样的方法，从一袋羊毛中随机抓一把，按照通用的分类法，把它分成不同品质的若干类，然后分别称重，算出各自所占比例，这样就可以比较准确地估算出这批毛的均价。在此过程中，涉及不同等次的毛料可以制作什么档次的笔、可以做多少支、每支售价多少等诸多问题，这样议出的价格对方自然也能接受。

3.狼毫

制作狼毫笔的主要原料是黄鼬尾巴上的毛。黄鼬俗称“黄鼠狼”，是一种小型食肉动物，一般栖息于平原、沼泽、河谷、村庄和山区等处。喜夜行，常选择柴草垛下、堤岸洞穴、墓地、乱石堆、树洞等隐蔽处筑巢；主要以啮齿类动物为食，偶尔也吃其他小型哺乳动物。

由于生长环境的不同，各地生长的黄鼬毛色差异很大，作为制笔原料，以山海关外出产的“辽尾”（也称“元尾”）为佳。出产辽尾的黄鼬生长于气候寒冷的长白山及其以北地区，其毫锋颖细而深长锐利，如图2–20所示，适合制作中高档书法笔。猎人在冬季捕杀黄鼠狼后，取下尾巴，剪开剔除骨头，晾晒干燥后，作为原料出售。

第二佳者为“京冬条”，产于长城以南的京津冀及内蒙古等地，其毫与辽尾相比稍粗、稍短，弹性更强，锋颖更尖锐，适合制作画笔。

第三佳者为“华北路尾”，产于山东、河南等地，毫尚好，长度和质量略逊京冬条，适于制作普通的书法绘画用笔。

第四佳者为“长江路尾”，产于长江中下游地区，也就是本地的黄鼬尾。其特点是尾较长，毛较短且柔，毫更短，表面粗糙，尾梢略显褐色，如图2-21所示。长江路尾一般用于制作中低档狼毫笔。

辽尾
–
图2-20

长江路尾
–
图2-21

一般来说，产地是决定黄鼬尾质量的主要因素。除此之外，还要根据毛的长度将其细分为大、中、小尾，再根据毛的密度、尾的长度等因素来评定价值。如图2-22所示黄鼬尾原料是笔者于2007年11月在宣州区溪口张苏笔庄调研时拍摄的，其中左边一捆记有“特大，4工(公)分5，元尾，52支”，这里说的“元尾”就是辽尾。像这样的长度为4.5厘米的料属于辽尾的通货，也就是主流，即用量最大的上等料。这种辽尾2007年的市场价格大约是70元每条，现在上升到100~120元每条。辽尾最好的料长度在7厘米以上，毛质佳，个条长且厚，目前的市价高达800元。而像前面提到的长江路尾，好的在30多元，普通的秋天小尾(母尾)只售十余元。如图2-23所示为原料评级。

4.其他

除兔毫、羊毫、狼毫外，作为笔毫用料，还经常会用到石獾、猪獾、狗獾的枪

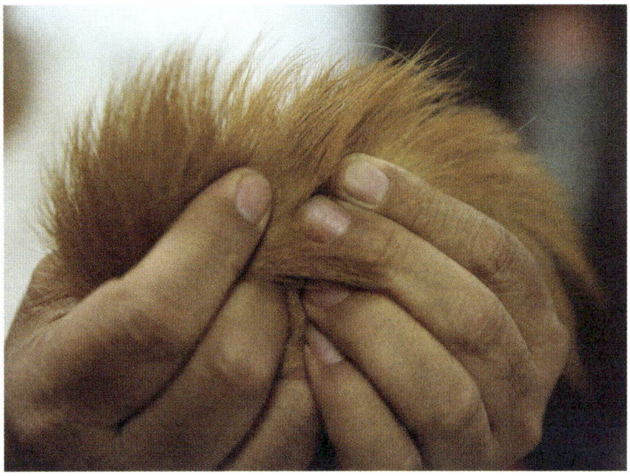

库存黄鼬尾原料
–
图2-22

原料评级
–
图2-23

毛（也称“针毛”）以及果子狸的尾毛等。

石獾学名食蟹獴，别名山獾、水獾、白猸、笋狸、竹筒狸等，獴科动物。宣州本地称之为鸡爪獾，其毛色多道交叉变化。过去取其枪毛，常先除去皮板光面的油脂，用石灰水慢慢浸润三四天，待毛孔放大，即可拔枪毛。以前，取完枪毛之后，常会将带绒的皮洗净、晾干，待其毛孔收缩，还能用于制裘。现在不用于制裘，则直接用烧碱润皮板，一天就可以取下枪毛。

石獾的皮现在很难得，而且价值很高，现价每张皮板多在600元以上，一般只能取不足50克的枪毛，所以用它制作的笔价格不菲。石獾笔头的尖部呈白色或淡黄色，腰部和根部都呈黑灰色，有白花，毛长一般在5厘米以上，最长的可达10厘米。石獾枪毛具有粗壮、挺拔、刚硬，锋颖细长锐利的特点，表面较粗糙。用它制作的笔含墨量大，吐墨均匀，能表达多种效果，适于作松、梅、山水等题材的画。如图2-24所示为石獾皮、猪獾皮、狸猫皮样品。

现在市场上有不少笔号称石獾笔，实际上是用猪獾、狗獾的枪毛制作的。猪獾又称沙獾、山獾，是鼬科动物。猪獾的枪毛三道色，比较粗壮，不太直，无锋颖，且聚锋性差。以猪獾枪毛制作的笔头不抱拢、易散锋，多用于画山水，用来写书法时飞白较多。猪獾枪毛的价格只有石獾的1/10。狗獾也是鼬科，枪毛也是三色相间，市场上一般与狗獾皮一起卖，单买的话价格比狗獾皮稍高。现在市场上经常出现用猪獾毛和狗獾毛制作的笔，号称石獾笔，其价格虽然比

三兔毛笔厂展示的可用作制毛笔的原料（左边是石獾皮，中间是猪獾皮，右边为狸猫皮）
–
图2–24

较便宜，但无法使用，经常令书画爱好者上当吃亏。

果子狸是猫科动物，又名白鼻狗、花面狸、毛老鼠、花面棕榈猫等。果子狸毛俗称“香毛”，其尾毛（称“狸毛”）呈灰褐色，较狼毫偏软，锋也比较好，可掺入狼毫做芯毛。果子狸腔体上的枪毛有蕾，且比紫毫的蕾还要明显，毛根软，锋短，只能做硬衬笔的衬毛。“兰竹”“点眉”“山水”“叶筋”等笔用硬衬，多用果子狸枪毛做衬。

前文谈到宣州过去用当地的黄鼬尾与鸡的项毛制作“鸡狼毫”宣笔。用鸡毫制作毛笔自古就有，《博物志》中有云：“有兽缘木，文似豹，名‘虎仆’，毛可以取为笔。岭外尤少兔，人多以杂雉毛作笔，亦妙。”说的是，岭南有一种被称作“虎仆”的兽，会爬树，皮纹与豹相似，毛可以做笔。当地少见兔子，人们多用家鸡和野鸡的尾毛做笔，也很好。我们在泾县各地和六安一品斋调研时，常会看到用当地的公鸡毫制作的纯鸡毫笔。如图2–25所示为六安一品斋制作的纯

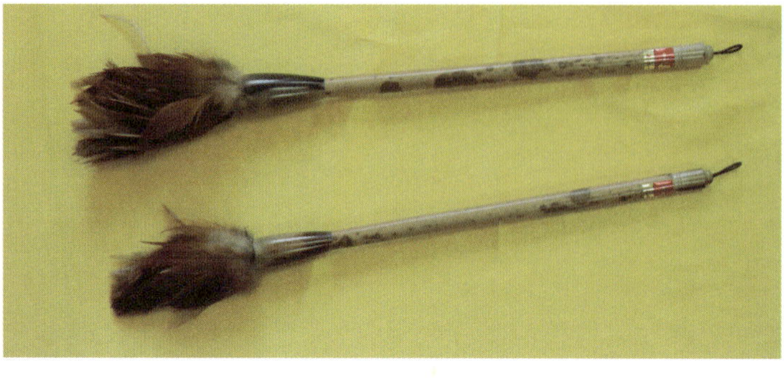

鸡毫笔
–
图2–25

鸡毫笔。

二、衬毛

制作毛笔除了笔锋用毛，即所谓的“芯毛”之外，还得有笔腰用毛，即所谓的“衬毛”。衬毛较短，仅达笔头的中部以下，起支撑芯毛的作用。宣笔的衬毛主要有软衬、硬衬和麻衬三种。

羊毛作衬称软衬。宣笔的软衬与湖笔有所不同，后者多用含颖的羊毛作衬，前者则把羊毫的颖去掉之后作衬。因此，宣笔的软衬没有颖，其支点所在更加明确，而湖笔的衬是相对连续变化的。

硬衬大多采用猪鬃，也可以使用果子狸身体上的枪毛或其他较硬的动物毛。买来的生猪鬃朝一边弯，需要扎紧捆成束，用铝筒罩住，放在蒸笼里，隔水蒸数小时（用锅炉高压蒸汽更快些），之后自然冷却、定型。现在市场上以重庆和汉口等地的成品猪鬃最常见，质量比较好。如图2-26所示为成品猪鬃。

人造纤维（俗称人造毛，图2-27）也可做硬衬，现在也是制作普通宣笔的原料。人造毛是20世纪80年代中期从日本引进的，当时的价格很高，每500克售价800~1 000元。90年代初实现国产化之后，人造毛价格大幅下降，只相当于进口毛的四分之一，现在是每500克售价30~200元。好的人造毛透明发亮，看上去与天然毫毛（颜色与羊毫、狼毫相似，并通过物理打磨和化学腐蚀使之

成品猪鬃
–
图2-26

人造毛
–
图2-27

有尖)很接近。其优点是无须齐毫,直而挺,弹性大;缺点是贮墨量低,太滑,制成的笔使用时转折处不柔顺,容易跳跃,不能随心所欲。

麻衬就是以麻作衬。麻是一种非常理想的制作笔的原料,处理好的麻纤维可以与毛结合得很好,用其制作的笔头蘸上墨汁之后包裹得很紧。据佘征军分析,唐宋之际,毛笔从有芯笔向无芯散卓笔过渡,由于去掉了制作笔芯时的包裹,所以得加上聚毫的元素,而加麻即可以很好地解决这个问题。

制作麻胎笔用的白麻

–

图2–28

俗话说:“无麻不成笔。”江都、扬州等地所谓的“水笔”,也就是麻衬笔,或称麻胎笔。20世纪六七十年代,在宣笔品种中,除了“乌龙水”之外,“四湘江”、“市驰名”、大小“红毛”、“蟹爪”等,都是麻胎笔。制作麻胎笔用的白麻如图2–28所示,也要蒸熟了用。

三、其他原料

笔杆用料是制作宣笔的重要原料。20世纪60年代以前,宣笔的笔杆绝大多数为竹质,宣州当地的紫竹、苦竹、罗汉竹、小圆竹等都可以。70年代初开发国画笔,笔杆用料也迅速增加,一些如紫竹(图2–29)、香妃竹等原料被大量使用。制作笔杆用的竹子多以冬料为佳。冬竹不仅颜色光滑青白,而且质地坚硬,可以防蛀防裂。春夏之竹柔嫩多汁且含糖量较大,容易受蛀、霉裂。

三兔笔厂内的小紫竹园

–

图2–29

紫竹有两种,一种是长在水边上的,中空部分比较大,只适于制作毛笔杆。另一种长在山上,中空部分比较小，适合制作排笔杆。因为排笔杆是一排竹子连在一起的，中间有销子，如果用水边的竹子，因其中间空间太大，就无法销在一起。

传统毛笔杆对于竹管的要求，一是要圆，没有水槽；二是两头粗细反差不大；三是表皮要光滑；四是无阴阳花斑。现代人审美标准有所变化，有的用户专门指定要有阴阳斑的杆子，一些有水槽竹管的也可以用了。

过去用当地出产的竹子制作笔管时，原料的采购不成问题，现在批量采购就有很多讲究。如图2-30所示是从外地采购来的一批香妃竹竿。采购香妃竹时，除了应注意对竹管的一般要求外，还要特别注意从底净、色正、花美等审美价值方面进行判断。按照符合高端笔用杆标准的竹管所占比例来判断整批料的总体价值。福建武夷山出产的顶级红香妃，黄底、红花，底纯净，花鲜明，用其制作的每一根笔管的价格都在千元以上。

存放在仓库中的香妃竹竿

图2-30

现在宣笔杆多使用木料制作，中高档笔大多用的是红木和硬杂木。此外，瓷杆、漆杆、景泰蓝杆等也有少量使用。

传统宣笔制作的特点之一是就地取材。当地出产的水牛角不仅被用来制作牛角梳，还被用来制作笔管镶嵌的部件，如图2-31所示。

传统宣笔制作中，扎笔头使用的线也有讲究。传统方法制作宣笔要用蚕丝线，其特点是打结不会回松。现在也有人使用腈纶丝线。腈纶丝线虽然价廉，但如果结头固定得不好，则容易回松，笔头会散开，也容易脱毫。

水牛角和用其镶嵌的笔管

图2-31

还有一种原料是海花菜。海花菜生长在海边滩涂的石头上，是一种可以食用的海藻类植物，很多地方用其制作凉粉。海花菜新鲜时如图2-32所示，一般晒干以便于保存。用海花菜制作海藻胶，制备的方法是用清水浸泡（如同浸泡海带一样），完全泡开后，先清洗掉附着在其表面的沙泥和盐分，然后放在锅中，加清水煎熬，胶液冷却后即成，如图2-33所示为海藻胶和干海花菜。此胶主要用于修笔工序，使笔头定型。

此外，在宣笔制作过程中还要用到石灰、烧碱、松香等材料。如图2-34所示为齐毫时用的米土（一种熟石膏）原料。

鲜海花菜
–
图2-32

海藻胶（左）和干海花菜（右）
–
图2-33

米土原料
–
图2-34

四、工具

宣笔制作工具有很多种，其中有不少是专门用于制笔的工具，有些甚至是根据制作者个人的习惯定制或者自制的。按照工艺流程顺序，宣笔制作工具大致可分为水盆工具、扎笔头工具、制笔杆工具等。

（一）水盆工具

笔头的制作过程基本上是在水盆上完成的，这些流程统称“水盆工序”。其中使用的工具，自然离不开盛水的木盆和横担在其上作为操作台的桌板。水盆工具如图2-35所示。

1.骨梳、齐毫板

骨梳、齐毫板均以水牛骨制成，耐水浸泡。骨梳呈长方形，一端带梳齿，是水盆工具中最常用的工具。骨梳形制有大有小，其梳齿的密度也不同。骨梳用过一段时间后需要维护，可用磨石等工具打磨，使梳齿更加锋利，骨梳打磨操作如图2-36所示。齐毫板形似笏板，两端和两边皆大致平齐，可用于齐毫等操作。

水盆工具
-
图2-35

用细油石打磨梳齿
-
图2-36

2.至子

至子是“尺子”的俗称，又称“码子”，是用于比量毫与衬毛长度的简单实用的工具。至子一般用桦树皮制作，耐水浸泡，其有大小不同的形制，主要用于压毫工序。还有一种自制工具“游尺”，由三个部件组成，其制作方法是将一节粗细差别较大（俗称“有大小头”）的竹子剖成两片，剖面修理平整，对面扣合；取一小节略粗一些的竹筒，打磨光滑后套在扣合的两竹片上；圆套的内径比一端的外径稍大，比另一端的外径稍小，这样竹套在中间往较细一端时，两竹片可以相互移动；竹套移动到中间往另一端时，两竹片被锁定，不能相互移动。游尺为自制工具，其关键在于套子必须有效地锁紧，如果不紧就会产生滑动，俗称“走至子”，容易造成误差。如图2-37所示，左上角为几个不同尺度的至子，砧板上为竹质游尺。

各种至子和游尺
-
图2-37

3.金属工具

制笔过程中要用到多种金属工具。如主要用于羊毫笔水盆中间毫工序的铁夹及切毫用的类似大菜刀的切毫刀等。另外，还有剪毛根时要用到的剪刀、剔杂毫时要用到的剔杂毫刀，等等。

（二）扎笔头材料和工具

紫毫笔扎笔头要用到以下材料和工具：一是蚕丝线，用蚕丝线扎笔头不容易松，与现在很多地方采用尼龙线扎的笔头相比，用其所扎笔头更为牢固；二是煤油灯；三是松香，松香是从松树的树脂中提取出来的，在这里起到黏结的作用，既可以使毛根黏结在一起，又可起到固定丝线的作用；四是木尺，主要用于敲齐笔头的根部和松香液凝固之前的整形。扎笔头工具如图2-38所示。

扎笔头工具
–
图2-38

（三）制笔杆工具

如图2-39所示的是加工笔杆（俗称“铺墩”）工序中所用的工具。左一是搓板，木制，面上铺一层皮垫，手推待加工的笔管在上面搓动时比较稳定，不会打滑。左二红杆的是铰刀，用于挖纳笔头的空腔。中间是拉刀，由圆形刀把与金属刀头构成，用于除去笔管切面多余的部分，并使之平齐。右二为刻字刀。右一是修正竹管的扳子。

加工笔杆工具
–
图2-39

现在，随着宣笔产量的加大，笔管制作已经逐渐实现了机械化、专业化。宣笔制作一开始使用的是老式机械，如图2-40所示为加工制作笔管的车床，木制，操作台上方核心部件是一个轴，可以通过两脚踩踏板往返拉传动皮带带动，也可以用加设的电动机带动。轴上装有各种转头，待加工的木料、竹管、牛角等被固定在轴上，随轴转动，用各种刀具在转动的材料上打孔或切割，制作出各式笔杆。后来，精度更高的普通车床也被引入，用于各式笔管的加工制作。如图2-41所示为泾县制笔杆师傅、省级工艺美术名人桂雪在用车床加工木质笔杆。

车床
-
图2-40

桂雪师傅在用车床加工笔杆
-
图2-41

第二节 紫毫笔制作工艺流程

宣笔中的紫毫笔，是以优质的山兔锋毫为主要原料制作的。紫毫笔在很长一段时间一直是宣笔的主流笔种，也是各地毛笔生产的主流笔种。宣笔之所以有千年辉煌史，其重要原因之一是当地出产制作紫毫笔的最佳原料。在当代宣笔制作技 艺中，最具特色的也是紫毫笔制作，其工艺流程包括采毫、做笔头、扎笔头、装管和修笔等多组工序，每组工序都有其核心技术。

一、采毫

宣州出产的本地山兔皮为紫毫笔制作提供了优质原料。紫毫笔的制作通常先从采毫开始。采毫俗称"起毫"。采毫是紫毫笔制作的首道工序，同时也是一种要求很高的技术活，一般只有具多年工作经验的老师傅才能胜任。

1.润皮板

润皮板首先要配制碱液。过去润皮板所用碱液多是石灰浆和草木灰液，润皮的时间较长。若要缩短润皮的时间，则可以加适量的氢氧化钠（NaOH）溶液。

如图2-42所示为润皮板，先将干兔皮板铺放在操作台上，也可以直接铺在洁净的地面上，光面朝上，将配备好的氢氧化钠溶液涂抹在皮板的光面上，静置几分钟后，再将用草木灰液和石灰浆调制的糊状物涂满整个皮板表面。最后，将皮板两两相对扣合在一起，如图2-43所示，静置四五个小时，使毛囊分解，毫毛与毛囊接合度降低。

2.锋颖的分布

兔皮板上的毫毛在脊背和两侧都有分布，但锋毫生长的部位有所不同。其中，黑尖主要分布在从兔子颈部到臀部中间的条带上，黑尖下面（比黑尖稍短些）是花尖，再下面是深锋和没有锋的兔毛；白尖主要分布在兔皮脊背左右

润皮板
–
图2-42

皮板两两相对扣合静置
–
图2-43

两边，相当于兔身的两侧，白尖下面也有花尖、深锋等。

黑尖，就是兔子脊背上长得最长的箭毫，因色黑紫，故亦称紫毫。黑尖毛尖锋颖最长，是兔毛中最上等的制作紫毫笔的原料。黑尖从中间到末梢连续变细，其长度因兔子的生长状况不同而有所差异，但一般在4厘米之内，能达到4.3厘米的黑尖就是最上等料了。

白尖主要长在兔子侧腹部，其锋颖由粗向细连续变化，较长，颜色很浅。白尖实际上并不是白色，而是淡黄色，因此准确地说，应当称“黄尖”。如图2-44所示为黑尖与白尖的显微图片。与黑尖相比，白尖平均长度稍短些，由粗变细的“坡度”更大些，柔韧性更强。在显微镜下看，白尖表面更粗糙，如图2-45所示，分析这可能与兔子平时侧腹部锋毛常受到摩擦有关。

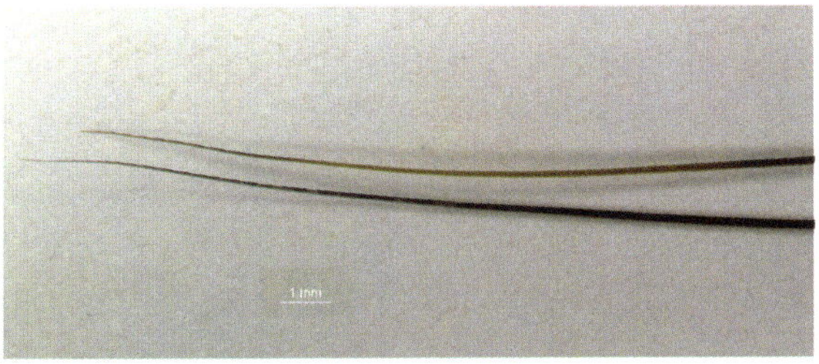

黑尖、白尖的显微图片（放大10倍）
–
图2-44

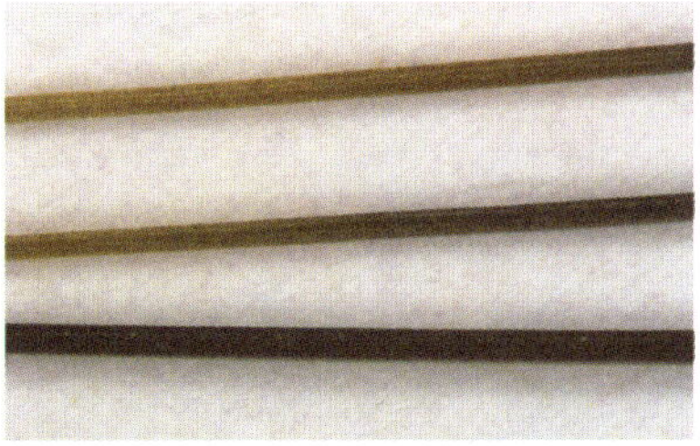

黑尖和白尖的表面粗糙度对比
–
图2-45

花尖，顾名思义就是锋颖有黑有白。花尖实际上是白尖上的一部分变黑了，但还没有完全变过来。花尖的锋颖仅次于黑尖，不亚于白尖，也是上等锋毫，而且其两色相间，往往可以巧用，制作出很美观的兔毫笔。

除了黑尖、花尖和白尖外，可以用作锋毛的还有深锋。深锋亦称“三花”，其上只有很短的一点锋尖，可用于制作“五紫五羊”等。另外，还有比深锋更差的“四花”“五花”等，其蕾上几乎没有锋，只在制作特种笔时选用。

3.起毫

起毫的主要工具是起毫板，其形制如图2-46所示。起毫板多用废骨梳改制而成，长15厘米左右，一端平齐，另一端呈梯形，相当于原来平齐的一端切去一个角。起毫操作时，右手四指握住木尺的一端，几乎垂直，用有斜角的端头撩起锋毫后，拇指贴上去压住锋毫的尖部，逆向拉起，如图2-47所示。注意起毫时用力要均衡，不宜太快，否则很容易把更多的绒毛带起来。兔毛中绒毛的形态如图2-48所示。在实际操作时，拨起的锋毫中总是会夹带一些绒毛，虽然这些绒毛最终都是要被去除的，但在中间工序中还能发挥重要的作用。

起毫后，将拉起的锋毫放置左手拇指与食指间，如图2-49所示。每次拨起的锋毫中，既有黑尖，又有花尖、深锋和四花、五花及一些绒毛。同样，每次拨白尖时，也会将其中的花尖、深锋等一起拨起来。拨毫时，要将皮板的尾部朝前，从有毫的边缘开始，依次进行，这样一遍下来，皮板上几乎不再有锋毫。之所以说起毫工序要求由经验丰富的师傅来操作，一是保证出毫率，不会浪费资源；二是保证工作效率，做到精准识别，尽可能少地把无用的兔毛和绒毛拨出来，避免增加后面工序的工作量。

一般每起出一把兔毛，都要做成一个毛团。这时，可用两手手心揉搓起出

起毫板
–
图2-46

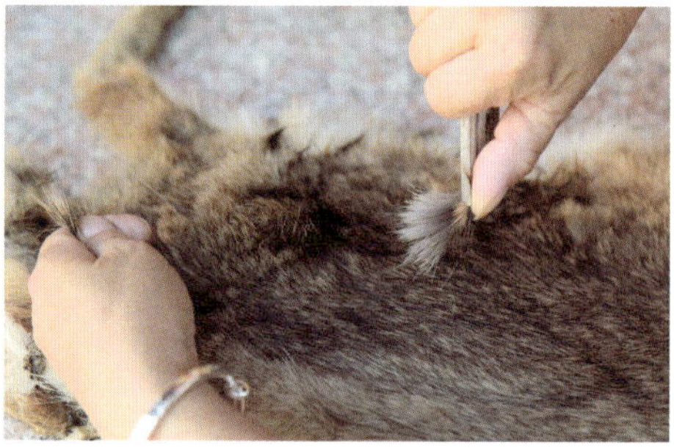

起毫
–
图2-47

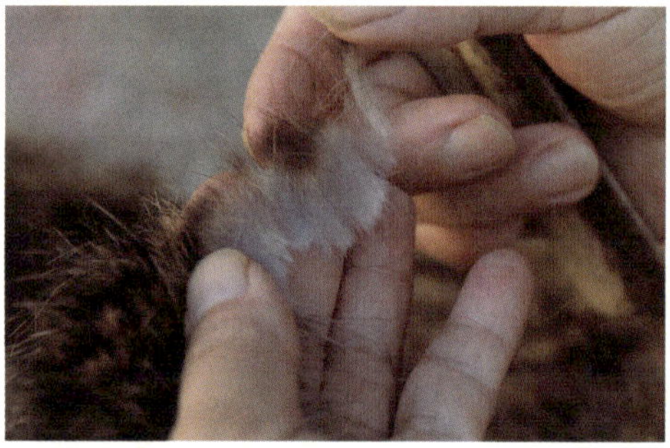

兔毛中绒毛的形态
–
图2-48

右手起下的毫置于左手
–
图2-49

的毛，使之聚拢在一起，成为一个毛团，如图2–50所示。

紫毫笔制作过程中有一个重要的概念，叫作“蕾”。一根兔毛的形态，从根部到末梢，先由细渐粗，后由粗渐细，这中间粗的一段就是所谓的“蕾”。兔毛在不同的生长阶段，其蕾的形态和所处位置有所不同。

一般来说，黑尖、花尖、白尖的蕾大致在毛的中间一段，由于其锋颖很长，故其蕾是连续过渡的，不显突兀。深锋的蕾位置比较靠近毛尖，锋颖比较短，“坡度”很大，多迅速变细，用在笔头上无法形成理想的“尖”。四花、五花的蕾上几乎没有颖，又称“浅锋”，因用这样的毛做芯毛，制作的笔头是膨开的，故一般不用于做芯毛。

如图2–51所示为毛片（四花、五花）取样在显微镜下拍摄的照片。图中，

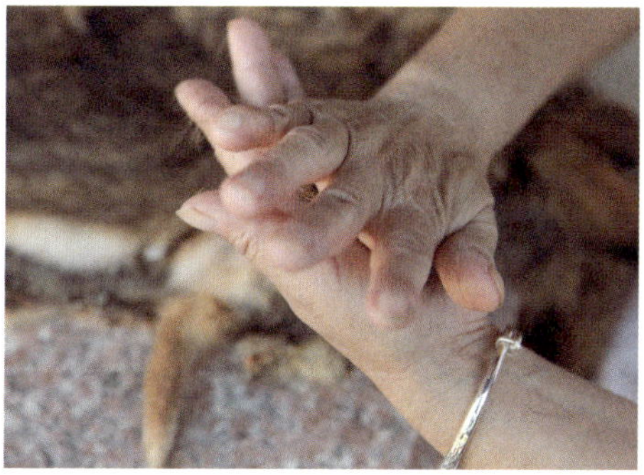

揉搓成团
–
图2–50

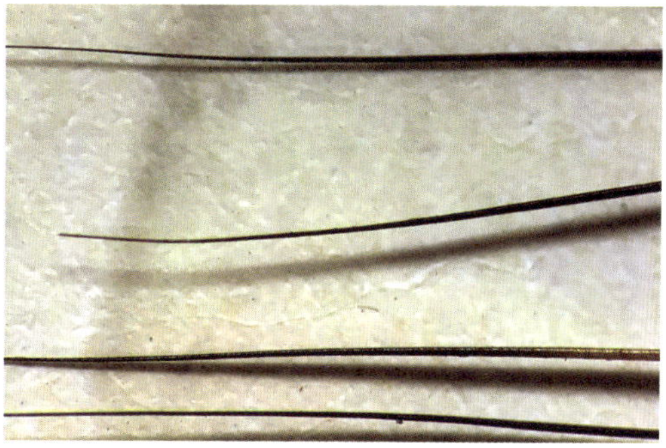

毛片（四花、五花）取样放大30倍的形态
–
图2–51

从右边开始到超过三分之二的长度均为蕾，蕾前的锋毛迅速变尖，长度只有5毫米左右。

起毫工序完成后，起出的兔毫常分成两类：一类是取黑尖时拨下的黑色毛团，另一类是取白尖时拨下的浅色毛团，如图2–52所示。

黑色毛团（上方）和浅色毛团（下方）
–
图2–52

二、做笔头

1. 去脂

将待处理的毛团放在石灰水中浸泡，手握毛团在石灰水中松放，使毛团浸透石灰水。此工序又称“做团”，如图2-53所示。因气温高低不同，毛团浸泡的时间长短也不同：冬天气温低时，浸泡时间要长，否则去脂效果不佳；夏天气温高时放置的时间不能太长，否则会受腐蚀变质，一般在一至两天。经过此道工序后，兔毛中的脂肪含量会明显减少。

2. 漂选

去脂处理之后的毛团是质量高低不等的兔毛混合体，需要一根根理出来，并且把不同的锋毫分离出齐，以便于后续工序中使用，这就是“漂选”。古人经过长期实践，摸索出一套非常合理的漂选方法。

漂选时，先要将毛团理齐。因兔毫的根多纤细柔软，故要把混乱如麻的毛团先大致理齐，只能从硬毫一端开始，即选分，如图2-54所示。选分后，先以左手捏住毛团，右手持骨梳，左手将毛团中的部分毛尖与骨梳的一边大致对齐，然后用右手拇指压住毛尖，两手分开，毛团中的这几根毛就被拉了出来，留在骨梳之上。待整团毛都被拉出来平行地停留在骨梳板上后，再平推，使之聚集到一起，形成毛尖大致对齐的毛片，如图2-55所示，这就是漂选。之所以大致对齐，是因为在漂选过程中，一般是多根毛一起拉，而不是一根根地拉。这

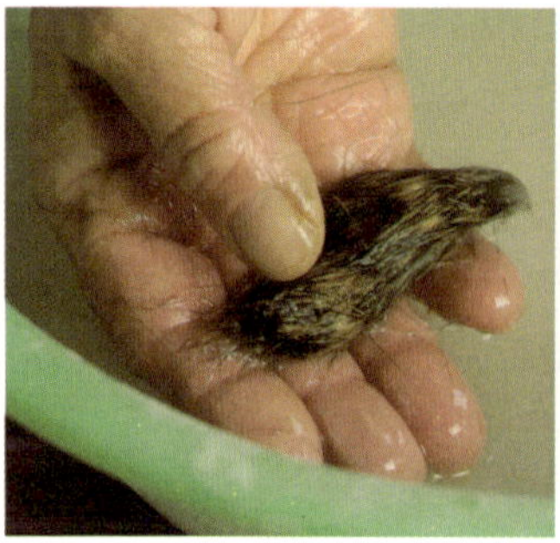

做团
–
图2-53

选分
–
图2-54

大致对齐
–
图2-55

样做不仅效率高，而且可使毛片中含有足够多的绒毛，这些绒毛在后面的多道工序中都有重要作用。值得注意的是，由于每只兔皮板上的锋毫略有差异，所以每次漂选都是取从同一个兔皮板上起出的锋毫。也就是说，漂选是以一个毛团为单元进行的，不同的毛团暂不混合在一起。这是因为不同兔皮上的毛的结构不同，虽然有的兔皮上的锋颖很好，但整毛较短，如果与另一个毛团混合，则会被忽略。

3. 梳绒

漂选后，毛片中仍夹杂着大量的绒毛，必须使之与锋毛隔离开来。但是由于绒毛对于后续工序还有妙用，故梳出的绒毛并不立即使之脱离毛片，而是将其留在毛片的锋颖处。如图2–56所示为用骨梳梳绒，如图2–57所示为梳出来留在锋颖顶部的绒毛。

梳绒
–
图2–56

梳出的绒毛
–
图2–57

4. 齐毫根

经过前一道工序，所得毛片的毛尖一端大致平齐，而毛根部则长短不齐。显然，根部越长，意味着其锋颖越长。这时，可从长到短依次将毛片再理一遍，把其中的黑尖、白尖、花尖、深锋陆续理出来，即齐毫根，如图2–58所示。操作时，先以滞留在毛尖端的绒毛为把手，将最长的根梢与牛骨梳的一边依次对齐后，用右手的拇指压住，再拉出来。一般来说，先拉出来的是黑尖，接着就是白尖、花尖，再后就是深锋，剩下的短毛就只有四花、五花等。如图2–59所示为从浅色毛团分选出来的各种兔毫，左起一为黑尖(其中含有花尖)，二主要是白

使毛片根部与骨梳边对齐，依次拉出长短不同的锋毛
–
图2–58

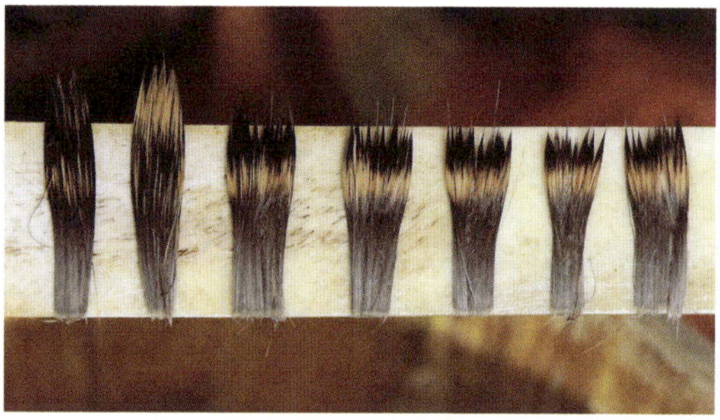

浅色毛团分选出来的各种兔毫
–
图2–59

尖，三为花尖和深锋，四主要是深锋，后三者为毛片（四花、五花、六花）。如图2–60所示为深色毛团分选出来的兔毫，右起依次为黑尖、花尖、深锋和毛片等。操作过程中，注意应不时将毛片换面，这样可以使两面同样长度的毛差不多同时被选出来。

5.晾晒

齐好的毛片要放在太阳下晾晒，如图2–61所示。晒毛片的目的是使其中的油脂进一步分解、减少。

6.灰沤

漂选实际上是一个分类过程。将漂选之后的毛黏上一些石灰，即为灰沤，如图2–62所示。

7.齐锋

经过前面工序之后，毛片虽多根部整齐，但锋尖参差不齐，接下来的操作就是要使锋尖对齐，即齐锋。齐锋时先手持毛根部，梳出毛片中的绒毛，并使之留在毛根处，以便于把持，如图2–63所示。接着，再以左手捏住毛片的根部，右手握齐毫板，再次将漂选过的毛片一根根拉出来。齐锋顺序与齐毫根正好相反，是将毛尖对齐骨梳的一边，从长到短，依次拉出来，如图2–64所示。齐兔毫时，要在锋尖上黏一点“米土”（一种很细腻的石膏），主要是便于拿捏，同时可以保护毛锋，使其不受侵蚀。齐过毫的毛片锋尖完全平齐（注意不是大致平齐），毛根一边按长短顺序依次排开，形成一个斜边。最长的紫毫可达4.3厘米。

深色毛团分选出来的兔毫
–
图2-60

晒毛片
–
图2-61

黏上石灰的毛片
–
图2-62

将绒毛梳至毛片根部聚集
–
图2-63

整理出来的毛片如果有锋尖与整片不齐的毛，还要再一一整理，以保证所有的毛都以锋尖为准对齐，如图2-65所示。

如图2-66所示即为整理好的黑尖毛片。由图可见，整片毛的前部明显鼓起，这就是兔毫的蕾整体的表现。

使毛片锋尖与骨梳边对齐，依次拉出长短不同的锋毛
–
图2-64

整理
–
图2-65

整理好的黑尖毛片
–
图2-66

8. 压毫

根据所要制作的毛笔的规格，选择合适长度和质量的原料。一般来说，长锋制作长笔头，短锋制作短笔头，尽量做到物尽其用。

宣笔中紫毫笔的笔头按长度，从4.2厘米到2.8厘米，每隔0.2厘米一档，通常分为8种规格。需要注意的是，每种规格并非只用一种长度的料，如制作最长锋的纯紫毫笔头，其锋尖部所用的紫毫不必都是4.3厘米长的，一般长3.8厘米以上的都能用。

将头道毛锋尖与至子对齐后，再加第二道毛时锋线与头道毛并不平行

–

图2-67

在确定了笔头的尺寸之后，再选取对应的至子，先将头道毛的锋尖与之一边对齐，然后将第二道毛加上，俗称“压毫”。此时，第二道毛的锋线与头道毛并不平行，如图2-67所示。这个斜度可以使笔头锋毛连续变化，而不是呈跳跃式的变化。同时还可以使锋毫上的蕾错开，不致集中在同一点上。

9. 切料

配好的料要根据需要切除多余的部分。毛笔讲究“尖”“齐”“圆”“健”。头道毛，也就是最长的顶毛，尖与根均要一样长，以保证“齐”。将不同长度的毛按合适的比例，根部对齐扎在一起，就能做到“尖”。制作紫毫宣笔，一般以六种长度的毛为主体，分别为“顶”“小八字”“大八字”“头道衬”“二道衬”“三道衬”。其中，前三道为芯毛，也就是笔的锋毫部分；后三道为“衬”，也就是笔的基础，即所谓的“腰”。它们之间的长度差值依据笔头大小的不同而成比例地变化。大致来说，如果最长的顶毛长度值为1，那最短的“三道衬”的长度值约为0.6。

高档笔的制作若采用传统工艺，则是将芯毛与衬毛分别配料，切过之后，各自完成后面的部分工序，然后混合均匀，再兑在一起。制作低档笔，一般是将芯毛与衬毛一起配料，这样虽然可以节省很多时间，但是不利于笔的质量保证。

如图2-68所示，露在至子一边的部分根毛，就是要切掉的多余部分。如图2-69所示为切毛操作，如图2-70所示为各种长度的毛根部切齐之后，按比

露在至子一边的部分根毛
–
图2-68

切去毛根部多余的部分
–
图2-69

切去根毛后，根部对齐叠在一起
–
图2-70

例配在一起。

配料和切毫是事关笔头长短毛配比的一道工序，其决定了笔的结构，是制作紫毫笔技艺中最关键的工序，一般由水盆工序中负责质量的老师傅掌控。由于全是手工操作，只能由师傅自己凭经验掌握，所以没有办法精确定量规定。已故宣笔制作技艺国家级传承人张苏师傅总结切毫的秘诀为“三刀齐，一刀贴（斜）”，意思是每三次平齐切的料，要配上一次锋颖与至子的边不对齐而成一定斜角的料。制作圆径大的笔头时，单是“一刀贴”尚不够，还要在两道衬之间加垫一片有一定斜角的羊毫，以保证达到预期的效果。

10.间毫

不同长短、不同材料的毛配在一起，必须混合均匀，才能制成理想的笔头，这个混合的过程俗称“间毫”，意思是各种毛均匀相间。间毫有两种操作，一是如图2-71所示，通过反复梳理，将毛片中所有的毛理顺，使之完全同向排列；二是先将梳理好的毛片叠加（图2-72），然后再匀摊开来（图2-73），接着再梳

梳顺
–
图2-71

叠加
–
图2-72

再摊开
–
图2-73

理。如此反复七八遍，即可使毛片中的各类毛充分均匀地混合。

有时为了保证质量，还会将芯毛（顶、小八字、大八字）和衬毛（头道衬、二道衬、三道衬）先各自充分均匀混合，然后再放在一起充分均匀混合。此道工序做得越充分，后面制作出来的笔越好用。

紫毫很短，为防伤毫，要尽可能用手捏，用骨梳反复梳。通常，只有具十年以上实践经验的师傅，才能真正熟练地进行这道工序，制作出高档的紫毫笔。

11.剔除杂毫

在卷笔头之前，要把锋毫中的断锋等杂毫剔除出去，如图2-74所示。因为这些断锋杂毫的弹性与正常锋毫不同，掺杂其中会影响笔锋的整体性能。

12.圆笔头

紫毫笔笔头的制作方法也有多种。一般而言，一只笔头至少要圆两次，第一次圆笔胎，第二次是披盖毛。

圆笔胎的方法：从混合均匀、含有毫毛和衬毛的毛片中取适量的毛，先在骨尺面上均匀摊开，使之成为薄薄的一片，然后再从毛片的一边开始，将毛片卷起，即成一个笔头，如图2-75所示。

剔除杂毫
–
图2-74

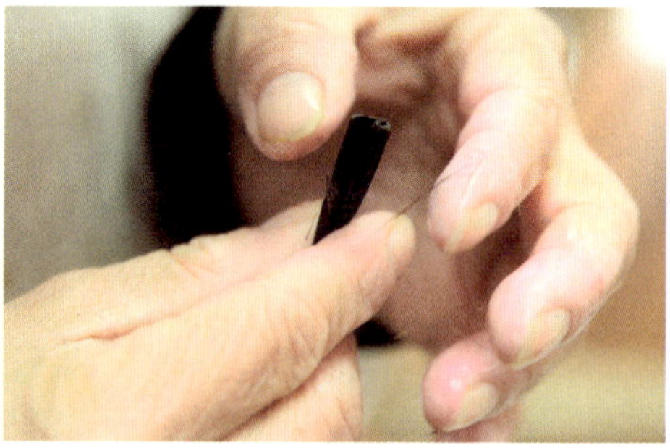

将毛片卷起
–
图2-75

圆好的笔胎上还要披一层盖毛。盖毛一般选用优质的原料，经过与芯毛制作过程相同的工艺流程，单独制备。紫毫笔的盖毛可以是紫毫，也可以是羊毫。如果以紫毫作毫、深锋作衬制作笔胎，用紫毫或者用花紫做披毛，那么制作出来的就是特净紫毫笔；如果用一定量的羊毫做披毛，则可制成所谓“七紫三羊”“五紫五羊”等紫毫笔。盖毛最主要的作用是裹住笔胎，使之更为美观，同时具有含墨的效果。盖毛的长度一般要比顶锋短。

小号的紫毫笔头，在披盖毛之前，往往要先在口中裹一下，如图2–76所示。具体方法是：手持笔头的根部，笔锋送入口中，先用舌头裹一下，然后在口中将笔头转个方向，锋朝前吐出来。在这个过程中，笔头在唾液和力的作用下变得更紧实。最后用刀片在盖毛片上取一薄层（图2–77），在光滑的操作台上展开，然后将笔头裹起来。如图2–78所示为做好的紫毫笔笔头。

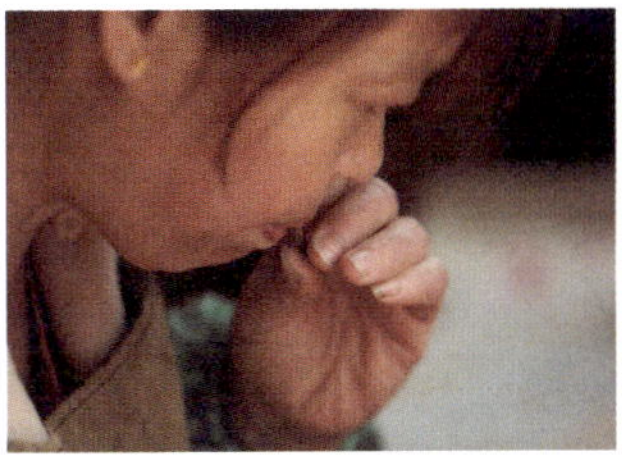

口中裹笔头
–
图2–76

取一薄层
–
图2–77

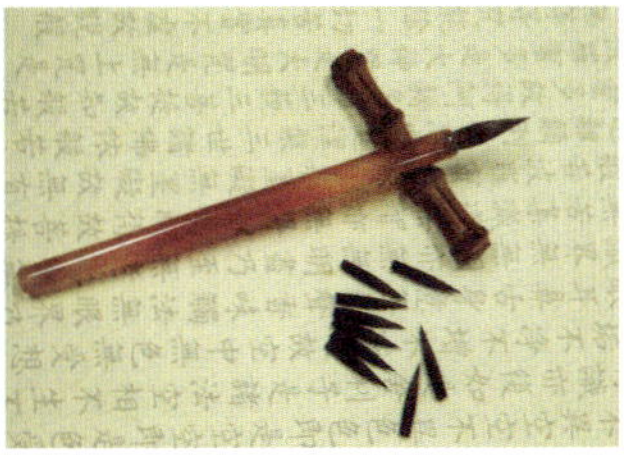

做好的笔头
–
图2–78

三、扎笔头

1.检查笔头

拿起一个笔头，先检查一下，看看是否存在瑕疵（如果发现有诸如盖毛没有完全盖住笔柱等情况，可做适当修正）。然后用木尺拍打笔毛，使之平齐。如果笔头有更为严重的问题，一时无法修正，则可作为废品先放在一边。

2.扎线

如图2–79所示为扎线，先用丝线在离根1~1.5毫米处（根据笔头的大小决定，笔头大的可稍离远一点，但要尽可能贴近根尾。如果留出的部分太多，就容易炸开，俗称“炸屁股”，扎出来的笔头根部较大，这样在装入笔管时，就得选择口径大一些的笔管，否则装不进

扎线
–
图2–79

去。而笔管的圆径大于原本适当的尺寸，虽然可以装得进笔头，但带来的问题是笔头不能正确地固定）打一个活结，其目的就是打过结之后，扎好的笔头仍可以在丝线上移动，与前面扎好的笔头靠近，且在移动过程中丝线不会松。

打活结的方法是：先用牙齿咬住线上一头，左手拇指和食指捏住笔头的上半部，右手朝前牵着丝线在笔根部顺时针绕一周，然后用左手拇指压住线的交点，右手用后面的牙齿与交点之间的线逆时针方向绕一周，平行地再打一个结，形成一个双道活结。注意后面打结时不能扎住前面的一道线。扎好之后移动到丝线的后端，离前面扎好的笔头不远处。

3.蘸松香

如图2-80所示为蘸松香，先以左手捏住笔头，仍是根部向外，右手拿起松香块在灯芯火苗边烤至熔化，再将笔头根部靠近火焰烤热，然后与熔融状态的松香接合，使熔融的松香渗透到毛根至丝线捆扎的部位。用木尺拍打笔根，使之在松香凝固前保持平齐，如图2-81所示。然后趁热移动笔头，使之靠近前一个笔头。将蘸上松香的笔头再放在灯火上烤一下，使松香保持熔融状态，与毛根进一步接合。松香冷却后，丝线由于黏上松香被固定，不再会回松；而整个笔头根部也结成一个整体，不容易掉毛。

蘸松香
–
图2-80

用木尺拍打根部，使之平齐
–
图2-81

值得注意的是，麻胎笔的扎笔方法与上述有所不同。麻胎笔圆径一般在5~7毫米，出锋一般在2~3厘米，至多不到3.5厘米。由于是用麻作衬，所以不容易晒干。人们在长期的实践中摸索出一种方法，即在半湿半干的时候扎，而且只扎一道，扎的部位离根部稍远一点（俗称“扎老一点”），在1.5~2毫米之间，防止松滑（俗称“炸笔头”）。扎成一串（俗称“一线”）之后，吊起来，下面坠一个重物（俗称“吊线”，亦称“下线”），如图2-82所示。麻胎笔扎笔还有一点不同，就是其不用松香，而是在漆片化成的胶水（现在改用717胶）中蘸一下，使根部黏结在一起，形成一个整体。

4.入库

扎好的笔头放在工厂仓库里。每一串笔头上一般都会附制作者姓名等信息，便于核对。如图2-83所示为三兔笔厂的仓库里存放的部分做好的笔头。

吊线
-
图2-82

存放的笔头
-
图2-83

四、装管与修笔

1.加工笔管

传统的宣笔主要选用竹管做笔管，其装管工序是根据笔头的大小一一配装笔管的。制笔杆主要是挑选合格的笔管，按规格分清颜色，要求粗细一致，外表圆直，其直径、圆度、杆长、弯曲度均要达到一定的技术指标。要注意剔除有干裂、虫蛀、皮色苍老、粗细不匀的劣质笔管，以确保笔杆配备的质地要求。

同一批毛笔的笔管，选用竹管的品种和笔管的长度必须统一，粗细也应大致统一。圆径较大的紫毫笔头，可以直接纳入笔杆前端的空腔，并与之黏结成一体；圆径较小的紫毫笔，不能直接将笔头装入笔杆前端的空腔，原因是笔杆有粗细，空腔的尺寸难以统一。张苏笔庄将装管工序分为两道：第一步是在笔头上装一段短小的竹管（一般是用粗的竹丫管专门加工成统一尺寸的），安装时，将扎笔头时预留的线先穿过竹管，这样有助于将笔头根部纳入笔管中且与之固定。第二步是将细管涂上胶，然后装入笔杆前端的空腔。如图2-84所示，大笔头直接装管，小笔头管中有管。

笔管的长度，过去最常规的半成品尺寸为17~24厘米，制成成品的尺寸为16~23厘米。小楷笔的笔管一般较短，长毫笔的笔管一般较长。如图2-85所示为不同尺寸的香妃竹管。现在制笔更加强调整体设计，笔管长度与笔头出锋的长度要符合一定的比例；如果有笔盒的设计，则也会对笔杆长度有所要求。总之一句话，就是要使做出来的笔整体看上去更加美观。

小号紫毫笔装套管
–
图2-84

不同长度的香妃竹管
–
图2-85

如图2-86所示为齐头，就是指按照设计长度，用压刀在竹管上截取品质最佳的一段。操作方法如下：将竹管放在搓凳面上，右手将压刀压在量定的位置上，左手转动竹管，多余的部分即被切断，形成平齐的断面。

如图2-87所示为铰孔，即根据笔头的圆径大小，选取粗细合适的笔杆，用铰刀将笔杆的一端挖空。操作方法如下：右手将铰刀插在管端的中心部位，左手碾动笔管，在搓凳上平稳地转动，即可挖出一定圆径和深度的孔。在操作过

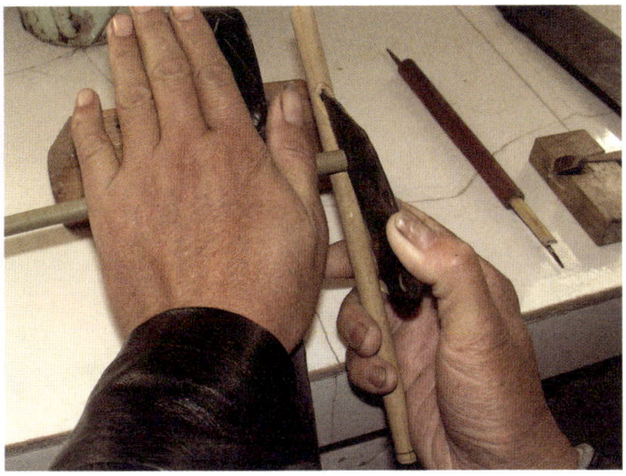

齐头
–
图2-86

铰孔
–
图2-87

程中可以用待装的笔头试装一下，以保证孔径大小合适。

手工铰孔是一项技艺活，需要反复实践才能熟练掌握。现在已多改用机械钻孔，可以显著提高工作效率。不过，由于机械制作的笔管尺寸是固定的，而笔头仍是手工制作，所以圆径不可能统一地达到设计标准，这使得在装笔头的过程中，可能会遇到笔头或大或小、不匹配等问题。当笔头稍大时，可以采用手工铰孔的方法对竹木质管扩孔。

2. 装套

俗称“装笔头”，就是将制作好的笔头安装并固定在笔杆一端的空腔上。过去固定笔头的黏合剂是松香。现在市场上销售的松香是用从松树上取下的天然松脂提炼成的一种晶状体，一般需加热到110~135℃，才会呈现熔融状态。具体方法是将其放在容器中，下面用炭火加热，使之保持熔融状态。将笔头蘸上松香液后，装入笔杆的空腔中，一会儿松香冷却凝固，笔头即与笔杆接合在一起。

用松香固定笔头的方法不足之处在于，由于松香在常温下呈固态，且比较脆，受力后容易碎，所以很难保证笔头不会脱落。此外，在操作过程中松香需持续加温，很不方便。20世纪70年代后改用化学透明漆固定笔头，即将漆放在空气中氧化，使之稠一些，操作时，直接用大小合适的竹签蘸取适量的清漆涂在笔杆的空腔内四周，然后将笔头装上。但清漆在气温较高的情况下容易化开，固定笔头也有不稳定的问题。现在多采用膨胀胶固定笔头。

3.刻字

刻字即指用平口刀、月牙刀等工具，在笔杆上刻上笔的品名，如“精品云鹤”“纯狼毫兰竹”“精品长锋兼毫”等，如图2-88所示。笔杆刻字是宣笔生产中一个专门的工种，操作者需要具备良好的文化修养，特别是应具有较好的书法功底，并有娴熟的刀法。刻字主要是依照不同产品规格造型的需要，在圆笔杆上刻各种字体的笔名及厂牌号。刻字时要做到字体排列均匀、大小一致、字间有序，镌刻过程中要做到不拼刀、不偏刀、不脱体且划头平整等。

4.扳笔

如图2-89所示为扳笔，即指对笔杆进行校正。一般情况下，是先将不够直的笔杆放在火盆上烤热后，再用扳棍修直。这样，修直的笔杆自然冷却后，可以保持修正后的状态。制作中高档笔，扳笔应在装笔头前完成，低档笔也可以在后期完成。

5.修笔

笔头装上之后，还要经过一道重要的工序——修笔。修笔实际上是对前几道工序成果的一种反馈。前面的配料、切料和加衬等工序虽然可以保证制作的笔头基本呈现理想状态，但若想让同一批次那么多的笔头都符合要求，则还得通过修笔工序来控制。

刻字
–
图2-88

扳笔
–
图2-89

第三章 羊毫笔与狼毫笔制作工艺

在了解了紫毫笔的制作工艺流程之后，本章介绍宣笔的另外两个主要品种羊毫笔和狼毫笔的制作方法。古时，由于交通不便，手工业生产对于当地出产原料十分依赖，而现代越来越发达的物流业彻底改变了这种局面，手工业发展较大限度决定于传承人掌握技艺的程度。现在，宣笔在羊毫笔和狼毫笔等品种的制作上已经达到国内一流水平。

羊毫笔的制作十分复杂。首先，选取的羊毛的品质有较多讲究，尤其是高端羊毫，非真正的行家里手，不敢介入。其次，水盆工序是这个行业的核心，经过制备芯毛、制备衬毛、合衬、制备盖毛等几大工艺环节，按设计要求，将不同品质的毛料分别理齐，再按比例均匀混合，为后面的做笔头打好基础。每个环节都包含若干具体的工序，每道工序又都有讲究，只有经过反复练习才能精准掌握。

第一节 羊毫笔制作工艺流程

一、备料

宣笔中羊毫笔制作采用的原料羊毫主要产地在江苏启东、南通一带，一般宣笔厂都是去这些地方的原料市场采购。刚采购来的多是一簇簇根部有表皮组织粘连在一起（图3-1）的原料毛，到货之后要按照原料毛的等级进行分类，晾晒干燥后库存。

干羊毛根部附着在很硬的羊表皮上
–
图3-1

制作羊毫笔，首先要备料，俗称“下料”。然后再根据笔的档次、规格和数量选取相应的原料，一次性备齐芯毛、衬毛和盖毛用料。

羊毫笔制作备料因季节不同而异：夏天由于气温太高，一次下料不能太多，以四片为一组（俗称“一个衬”），羊毫笔一般做四组，按笔根直径10毫米大小的笔估算，每组大约相当于160支笔的用料，四组就是六七百支笔；冬天可以做得多一些，一般做六组或者八组，相当于1 000支左右。

储备的原料毛在入库前已经做了粗略分类，将适于做芯毛和衬毛的料分开存放。这些原料毛通常在下料之后还要进一步做精细撕分。同一撮羊毛，长短和锋颖的质量常有很大差异，撕分越细越精准，就越能做到物尽其用，避免浪费。

撕选精分羊毛
–
图3-2

撕选羊毛操作如图3-2所示，乍一看似乎很简单，就是将一大束羊毛分成若干小束，实则不然。撕选羊毛考验的是眼力，操作者主要是通过看，再加上手的感觉，将不同档次的毛精细分开，做到物尽其用。

从做笔的角度看，不同羊毫之间差异很大，有经验的师傅有时甚至可以不用眼睛看，单凭手感就能作出判断。优质的细嫩广锋，手触摸上去有如丝绢一般滑滑的感觉，从一束毛的根部往头尖捋，一开始暖暖的，后来就凉凉的。究其原因，是不同部位导热性能有差异，锋颖部分导热性好，可以吸收手的热量。

芯毛是制作笔头最主要的原料，原则上要选用直一些、粗一些的毛。当然，无论档次高低，都得用有锋颖的毛。做长毫笔要用长广锋和羊须，做中长毫笔要用中广锋、白尖锋或黄尖锋，做短毫笔则可用短广锋、头爪锋或脚爪锋。再如制作“广锋羊毫”笔，要选用细嫩广锋羊毫，其特点是纤细、锋长、柔软，含水量大，但是弹性弱，制作出来的笔适于写大草（亦称狂草）、草书、行书等。如果用于写篆、楷、隶等，则需要书写者具有很强的控笔能力。在中高端长锋笔的制作过程中，若用粗锋颖较长的广锋羊毫作芯毛，用短颖或者秃颖的粗广锋作衬毛，则可以用汉口或四川生产的长猪鬃加健，细嫩广锋作盖毛，这样制作的笔在写字时比较容易驾驭，市场需要量大。

衬毛的料也要同时备好，不同的笔，衬毛的用量大不相同。其中，用量最大的是楂笔，其次是斗笔。一般来说，圆径越大的笔，衬毛用得越多。相反，如果做一般圆径的长锋笔，衬毛的用量就很少，所谓“长锋不吃衬”。羊毫笔的衬毛一般用锋颖不太好的羊毛和猪鬃，不像紫毫笔、狼毫笔那样可以用麻。这是由三种毛不同的性质决定的。兔毫和狼毫的根部很纤细，而尖部又比较粗健，所以加上麻衬后，两种料相辅相成；羊毫由根向锋越来越细，而且锋颖部同样比较柔软，如果用麻料作衬，则两种料“不搭”，很难通过梳理来均匀混合。

盖毛一般选用细而有锋的羊毫。一般而言，在一支笔中，盖毛是最好的毛料，尤其是中高档宣笔，其盖毛大多使用长锋颖的细嫩广锋。

配比好三类料毛各自的用量之后，分别制备，放置待用。

二、水盆

水盆又称“水作工”，其因操作过程基本上是在水盆上完成而得名。水盆是宣笔制作过程中最为复杂且关键的工序。按传统制作工艺，先分别将芯毛、衬毛、盖毛各自独立处理，然后将芯毛与衬毛混合均匀，制作笔芯，再披上芯毛。

备好的干羊毛要放在清水中浸泡，浸泡时间视气温差异有所不同，需要2~4天不等，直到毛根上的羊皮泡烂，毛容易被梳下来为止。制作高档笔的盖毛尤须泡透，这种毛不剪毛根，不仅是因为其品质高，避免浪费，更主要的原因是锋颖上有讲究。

（一）制备芯毛

做羊毛坨

–

图3-3

1.做羊毛坨

将备好的芯毛撕分成很细的小束，用剪刀将大块的皮和带皮的毛根剪掉，在清水中浸一下，整理好，成把拢在一起，使之成团状（俗称“羊毛坨”），放在陶质或塑料盆中，如图3-3所示。

2.腌沤

腌沤即指用调制好的石灰水对选好的羊毛进行处理，水位一般以淹到羊毛坨3/5的位置为宜。石灰水的浓度凭手感掌握，如有经验的师傅描述“有滑滑的感觉”那样即可。此工序的作用是腐蚀毛根处的残皮，同时除去毛中部分油脂。要注意水位不能太高，否则会使锋颖部的油脂丢失过多，破坏锋颖的性能。这样的水位，毛尖部分可以通过水的浸润作用，受到渐渐减弱的腐蚀，满足需要。腌沤的时间，一般夏天气温较高时需要两昼夜，春秋天需三昼夜，冬天则大约需四昼夜。具体掌控也是根据经验，简单地说，一般看到毛根部发乌变青，就可以了。此外，还应根据羊毫的老嫩、气温的高低等，确定石灰水的浓度和浸泡的时间。几天之后，在碱性石灰水的作用下，羊毛中的脂性物大量析出，形成淡黄色油层，漂浮在水面上，如图3–4所示。

羊毛颜色发乌，水面上浮一层淡黄色油脂

–

图3–4

3.漂洗

将腌沤好的羊毛坨放在清水中，洗净羊毛中的石灰水，并除去其中腐烂发臭的死皮等杂质。洗净后的羊毛如图3–5所示。

洗净后的羊毛

–

图3–5

夏季之所以一次下料不能太多，是因为水盆工序中羊毛得浸在水中，气温很高时，若起捞时间稍有耽搁，则很容易发酵腐烂，进而影响笔的质量。

4.上羊毛

把羊毛中的绒毛梳理掉，俗称“上羊毛”。经过石灰水的浸沤，原来附着在毛根处干硬的皮变得松软。从清洗干净的毛团中取出合适的量，用骨梳梳理（图3–6），撕去根部的油皮，必要时可以用剪刀剪（图3–7），将横七竖八的毛团大致理顺成束。

梳出其中的羊绒，使之成为片状。片的大小可根据操作者手的大小适度掌握，以方便为宜。注意这时候梳出来的羊绒要留在根部，如图3–8所示，作

梳理羊毛
–
图3-6

用剪刀剪去带皮的毛根
–
图3-7

梳出的羊绒留在毛束根部，作为齐毫工序时的抓手
–
图3-8

为下一工序齐毫时的抓手。

5.齐毫

齐毫即指用大拇指和食指捏住绒毛部分，在牛骨板上将羊毛的尖部一根根对齐，如图3-9所示。与制作紫毫笔不同的是，羊毫笔齐毫只有这一道工序。此过程中要求操作者心平气和，注意力集中。每次拉出的数量并不确定，一般在数根至十来根，以顶部平齐为准。这道工序做得好不好，从毛根就能看出来。如果锋颖平齐，则根部必然由长到短，按顺序排列；如果每次拉出的根数太多，则会将长短不一的毛一起拉出来，根部就会有长有短、杂乱无章。为了增加毛尖部的摩擦系数，在齐毫过程中，时常将毛片的尖部放在装有米土（一种很细腻的石膏米）的碗中点一下，蘸上一些"米土"，如图3-10所示，这样用右手按压锋尖时就不会打滑。

在齐毫过程中，如果发现有明显不齐的毫，则应随时用齐毫刀将其挑起来

齐毫
–
图3-9

毛尖上蘸"米土"
–
图3-10

进行调整。因这时毛片中含水量比较大,所以比较容易调整,该操作俗称“打水顶”,如图3–11所示。待整片毛齐完后,再用麻条按压,如图3–12所示,除去其中水分,使湿毛片变成干毛片,再对其中不齐的锋尖进行调整,俗称“打干顶”。

齐毫工序完成后,所有的芯毛都变成由长到短排列的尖部平齐的毛片。

打水顶
–
图3–11

用麻条压干毛片中的水分
–
图3–12

6.压毫

根据所制作笔头的尺寸,选用合适的码子,从齐好的毛片中取出一定的量作顶毛。顶毛通常用毛片中最长的毛,这样可以充分利用原料。但是,如果最长的毛锋颖不理想,则可选用短一点的锋毛作顶毛,以保证笔的质量;锋颖次一些的,可用于第二道毛甚至第三道毛。两道毛之间的间距要根据笔头的造型来决定:如制作比较肥厚的笔头,则间距应较小,可能在2~3毫米;如果是比较尖瘦的笔头,则间距可达5毫米。通常芯毛分三道,如果是圆径比较大一些的笔,也可以再加一道,这样就相当于加了头道衬毛。头道顶毛必须平齐,第二道毛和第三道毛则应适度倾斜,使芯毛的前部长短连续分布。压毫是制笔过程中最有技术含量的一道工序,其直接决定笔头的结构和造型,所以此工序一般多由水平高的师傅负责操作。在压毫过程中,师傅不仅要因材施用,还要看毛片整齐情况。如果锋颖整齐,则可在压第二道、第三道毫时有所倾斜;如果毛片本身不太整齐,则不必再加倾斜。在压毫工序中,每一道毫之间的比例关系,也是全凭师傅掌握,无法定量。也就是说,整个水盆工序中只有负责质量控制的师傅身边才有切毛刀,这正应了俗话所说的“带刀的是师傅”。

压毫最后一道操作就是将所有梯次的毛根部切齐。如图3–13所示为已故

切齐毛根
–
图3–13

国家级非物质文化遗产项目宣笔制作技艺代表性传承人张苏的压毫工作照。切齐毛根后，同一批次下的料，所有的芯毛都变成根部平齐、尖部有梯次、顶毛长度完全相同的毛片。

7. 兼毫

“jiān毫”中的“jiān”具体是不是“兼”，不得而知。如是“兼毫”，则可以解读为使不同长度的毫毛混合在一起，兼而有之。如果用“间毫”，则可解读为使不同长度的毫混合相间。若是用“尖毫”，则可以解读为使不同长度的毫均匀之后形成笔尖。究竟用哪个字，目前还没有定论。三者虽然字不相同，但意思是清楚的，相比之下，用“兼毫”或许更准确。操作时，先将配好的芯毛铺成一条带状，厚度约1.5厘米，根部平齐，用铁夹夹在中间位置，毛根朝外，用牛骨梳反复梳理，如图3–14所示，一面梳好后再换另一面梳，使之平顺。然后打开铁夹，将毛片调一头，毛尖朝外，同法梳理平顺。最后打开铁夹，折叠毛片后再均摊开，接着上夹梳理。如此反复七八遍，使整夹毛完全混合均匀，形成若干个长片。

此时，带刀的师傅一般要让兼毫的师傅圆一个笔头（尚未披毛的笔柱），递给他试写一下，这相当于从每组毫片中取样检验。检验的方法是：用右手三指捏住笔柱的根部至中间，笔尖部分蘸上水，在平板上试写，如图3–15所示。师傅通常用这种方法感觉笔头是否符合设计要求，做到心中有数。

因压毫过程是手工操作，所以每两次压出的毫只能保证顶毛是一样长的，第二道、第三道芯毛之间的距离不可能做到完全一样，这个问题要在后面的“兑衬”工序加以解决。

用牛角梳反复梳理
-
图3-14

试写
-
图3-15

(二)制备衬毛

羊毫笔一般用羊毫和猪鬃作衬,分别称为软衬和硬衬。作衬的羊毛也得经过与上述制备芯毛相似的工序。

1.齐衬

羊毫笔衬的齐衬做法与齐毫相似,只是要求没有那么精确,因为衬毛有些许参差不会影响笔的质量。猪鬃笔衬本身是加工好的成品,不需要齐衬,可以直接掺入理好的羊毛中。

2.压衬

根据笔头的设计需要,可以压三道衬,如第一道是羊毛,则第二道是猪鬃,第三道又是羊毛;或压两道衬,也就是一道羊毛、一道猪鬃。每道毛的多少、两道毛之间的距离,以及是否打一定斜度等,都是由师傅根据笔形的设计要求掌握的。有些情况下一道衬也可以,就是直接打斜坡。需要注意的是,所有的衬毛根部都要切平齐。

3.兼衬毛

用与兼毫同样的方法,将配比好的猪鬃、羊毛等衬毛平铺成条,用铁夹夹紧,反复梳理至顺,打开铁夹,换一头再梳;再打开铁夹,将毛片对折再匀开、夹住、梳理。如此反复,使衬毛充分混合均匀。兼衬毛过程中,注意将溢出在外的衬毛及时清除,以免因其不整齐而对后面的工序产生不良影响。如图3-16至图3-19所示为兼衬毛各种操作。

用手指将折叠起来的衬毛铺摊开来
–
图3-16

将衬毛条片上铁夹
–
图3-17

清除散乱在外面的毛
–
图3-18

用牛角梳反复梳理,使夹中的衬毛平顺
–
图3-19

师傅要掌握衬毛的情况,方法与前面试兼毛一样,用制备好的衬毛卷成一秃锋的笔头,观察其形状,做到心中有数。

(三)合衬

合衬即将制备好的芯毛与衬毛混合。同样是根据这一批次笔的特点,确定二者合适的比例。如前所述,做细长锋笔的衬加得很少;相反,如果做圆径大的笔,则衬毛的比例就要大很多。需要说明的是,这种比例没有定量配比,完全凭师傅的经验。整个过程中需要多次取样检验,发现问题及时调整。

1.兼衬

这里说的兼衬不是兼衬毛,而是指把芯毛加入衬毛之后的混合均匀过程,即按比例在每组芯毛中加入一定量的衬毛。为了留有调整的余地,并非将所有的芯毛都兑入衬毛，而是留一定量的芯毛备用。一般情况下，在四组芯毛中留下一组。取合适的量铺成长片，用与兼毫同样的方法使整夹毛充分均匀的混合。毛片在没有充分混合均匀之前有明显的色差，混合均匀之后则看不到明显的色差。

每组芯毛与按比例加入的衬毛混合均匀之后，还存在一个问题，即各组之间仍存在一定的差异。因为前面各组芯毛在压毫过程中就存在差异，加上都是手工操作，所以一组芯毛长短毫的组分，也就是顶锋与第二道毛、第三道毛之间长度之差、数量之比例，与另一组芯毛都不可能完全一致。加入衬毛时虽说是“按比例”的，但由于是手工操作，同样会有不小的差别，加上衬毛本身就有差别，所以还需要通过下一步“兑衬”工序，使各组芯毛相对均衡。

还有一点需要说明，在兼衬过程中，每完成一夹毛的均匀混合，都要抽样检验一下。具体方法是：取一点做一个笔头，交给师傅试写一下，看看是否存在问题。试写后，如果腰力不够，就要在后面的一夹毛中加入更多的衬毛；如果腰部过肥，则应在下一夹毛中加入更多备用的芯毛。这样，在下一道工序中，“过”与“不及”勾兑后相抵，可以均为“中庸”。这就是师傅对每一道工序都要做到心中有数的原因。

2.兑衬

兑衬即指将每个长片分成若干等份，先从所有长片的等份中各取一份，合在一起形成新的长毛片，然后再如上法梳理、折叠、均摊，再重复多次。经过这道工序，所有的芯毛与衬毛完全混合均匀，制作出来的同一批毛笔性能可以做到所谓的“百管不差一”，当然这只是理论上的。实际上，由于是手工制作，同一批笔总是存在差别的，包括圆径的大小都有一定的误差。

为了说明其原理，这里以做一批馒头为例。假如在四个面盆里和了四个面团，由于是各自独立完成的，每个面团本身虽然均匀如一，但与其他面团在软硬程度上仍存在差异。为了使这一批馒头“百不差一”，就得将这四个面团各自均分成四等份，然后从中各取一份，混合在一起，组成四个新的面团。各自糅合均匀之后，差异就基本消除了。

上述工序中，从兼毫到兼衬，梳理、折片、均摊再重复操作，工作量很大。尤其是过去在没有铁夹子的情况下，都是在手上完成，所以是一项很繁重的工作。在梳理过程中，握住毛片使之不松动，是制笔师傅的一项基本功。初学者要像如图3-20所示那样捏紧毛片，并且反复练习手指的灵活性。梳笔毛时必须捏紧，不能松动，这样梳子尖也不会扎到手。后来在制作羊毫笔的过程中采用铁夹子，提高了工作效率。善琏等地更是用机械梳替代手工，如图3-21所示，大大减轻了这道工序的劳动强度。但在宣笔制作过程中梳毛仍是手工操作，因为机械梳的强制力会对毛片造成损伤，影响后期做成笔的质量。

捏住毛片
-
图3-20

机械梳梳衬毛
-
图3-21

3.漂衬

合衬之后，将芯毛与衬毛均匀混合的毛片放入盆中，倒入配比好的淡石灰水腌沤。其情形与腌沤羊毛坨相似，水的深度仍然是毛片的2/5或者一半的位置。漂衬的目的是除去毛表面的油脂，使毛片更加板结，也就是使内部的毛相互之间接合得更紧，或者说摩擦系数更高。如果没有此道工序，则在后面扎丝线时就会打滑，这样没有扎紧的笔头容易掉毛，不耐用。腌沤好后，再反复梳理毛片，除去附着其中的石灰渣和杂毛等。

4.洗净

在清水中用铁梳反复梳理漂衬过的毛片，通过漂洗，把其中残存的石灰水等成分清洗干净。

（四）制备盖毛

首先需要说明的是，不同档次的笔，对于盖毛的要求有显著差别。普通的羊毫是先做笔柱，再配盖毛；而高档羊毫笔（也就是配锋羊毫笔）一般是先做盖毛，再根据盖毛制备芯毛。普通羊毫笔盖毛的制备与芯毛的制备工艺流程基本相似，但是配锋羊毫笔盖毛的制备有很多不同之处。具体来说，主要有以下几道工序。

1.拱盖毛

配锋羊毫笔盖毛的品质要求较高，不能像芯毛那样用石灰水除脂，得用清水浸泡。其浸泡时间根据气温不同而有差异，春秋季一般需要近两昼夜，时间稍长一点也无大碍。要让毛根处残存的皮泡透，使之完全软化，容易与毛根分离。盖毛尽可能不剪毛根，否则对配锋颖不利。在水中将毛根理齐时，由于时常要朝盆的侧壁拱，故俗称“拱盖毛”，如图3-22所示。

2.配锋

根部理齐之后，用手捋一下，如图3-23所示，然后就能看到锋口的位置。因为这时候整个毛片含有水分，所以很容易看清锋颖的情况。把锋颖长度相同的放在一起。当然，所谓锋颖长度相同，并不要求绝对精确，肉眼看上去差不多即可。

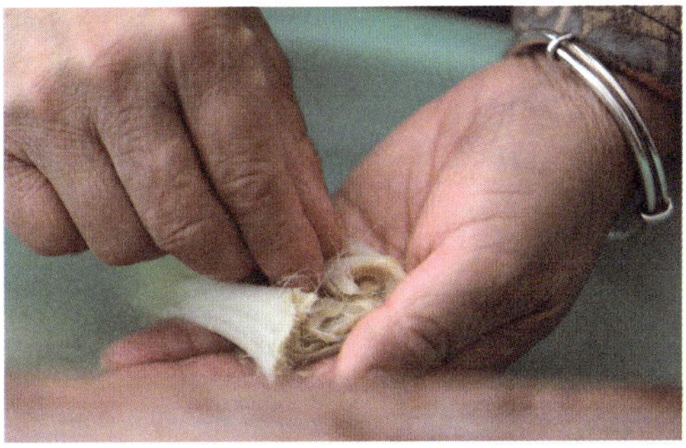

拱盖毛
-
图3-22

捋毛根
-
图3-23

3.齐盖毛

毛根整齐之后，手持毛根进行齐毫，将一束毛变成毛尖整齐的毛片。从开始撕选羊毛时，就要注意把锋颖长度差不多的羊毫归在一起，在后面的配锋工序中，应按照锋颖长度再次进行归类。齐盖毛工序是分类进行的，一般来说，齐好的盖毛锋颖长度大致相当。尽管如此，将一束毛齐出来之后，得到的一片毛的锋颖肯定还是有长短不同的，如图3-24所示。

4.压盖毛

压盖毛与压芯毛也有显著不同。压盖毛时，首先要根据整片毛的长度情况，确定压毫的长度。如图3-25所示这片盖毛，设定的长度为7厘米，也就是说，在固定至子下方的部分都要被切掉。其次，不同于芯毛和普通的盖毛，压盖毛中还要调整整片毛的相对位置。调整时，也是根据整片毛锋颖长度的情

齐毫之后，锋颖长度从左向右依次变短
–
图3-24

量锋颖的长度
–
图3-25

况确定一个尺寸，如果锋颖长度在1~2厘米，那就确定以2厘米为上限，锋颖超过2厘米或者短于1厘米的都要挑出，放在其他地方使用。处于这个区间的毛以锋颖的起点（俗称“锋口”）为准进行调整，最终使整片毛的下锋口平齐。当然，调整过程中并不要求绝对精确，一般差距在2~3毫米的可以放在一起，视为同一长度，这个过程俗称“压锋口”，之后即可切去根部多余部分。接着还得进行兼毫的操作，就是通过反复折叠、匀开、梳理，使整片毛均匀混合。最后还要细心地将其中没有锋毫的断头杂毛剔除，如图3-26所示。经过上述复杂的过程之后，即可得到如图3-27所示的锋颖齐、锋口齐、根部齐的合格的盖毛，放置待用。

当然，还可以在压锋口之前再做一次归类。按锋颖长度，将盖毛分别归类，得到锋颖长度更加一致的盖毛片，用于制作更为高档的毛笔。

压锋盖毛制备好之后，再按盖毛的要求制备芯毛。注意盖毛的长度要比芯毛稍短一些，即使是最长的盖毛，也要比芯毛的顶毛短2毫米以上。最后得

剔除杂毫
–
图3-26

制备好的盖毛
–
图3-27

到的配锋羊毫笔，如图3-28、图3-29所示。

配锋羊毫笔未蘸水时的状态
–
图3-28

配锋羊毫笔蘸水后的状态
–
图3-29

有些地方制笔，为了达到特殊的效果，还会采用一些技巧来压锋口。就是用锋颖并不长的盖毛，将锋口压得很平齐，相当于在原来比较模糊的锋口处打一条粗线，使锋口处界限分明，十分美观，这实际上是一种使人产生错觉的方法。

（五）做笔头

1.圆笔

用薄刀片取适量的衬毫，在平台上摊成薄毛片，滚成笔头形，称作笔胎，或称笔柱。在展开和圆起的过程中，再次将做笔胎的毛混合，这样做出的笔胎更为浑圆均匀，如图3-30所示为宣笔制作技艺国家级传承人佘征军在圆笔头。如果是做低档笔，则有简单的做法，就是将制备好的笔柱毛分成若干等份，整理一下即成笔胎。为了避免做出的笔头太大或太小，圆笔时旁边要放一个笔管，随时将圆出的笔头与笔管的空腔比对一下，如果小了或者大了，则可通过加减使圆出的笔柱大小适中，恰好能放在同样大小的笔管中。每圆好一个笔柱，都要将笔头在平板上顿一下，使笔根部平正。做好的笔头要用潮湿的毛巾盖着，以免风干之后散开，也便于进入下一道工序。

2. 披盖毛

先用薄刀片取一点制备好的披毛片，在盖笔砖上用刀将其展成薄薄的一层，如图3-31所示；然后用毛片将这一层盖毛铲起，均匀地裹在笔胎的外周，就做成了完整的笔头。盖毛宜选用上等细羊毫，其不仅可以起聚锋作用，而且可使笔头中所含墨汁不外流，同时还可以遮挡芯毛，使笔头更加美观。

国家级传承人佘征军在圆笔头
–
图3-30

披盖毛
–
图3-31

3. 顿笔

披上盖毛之后，还应将笔头在平板面上顿一下，进一步使毛根平齐，如图3-32所示。然后将笔头摆放在草木灰堆压成的平面上，让草木灰吸出笔头中的水分，如图3-33所示。

顿笔
–
图3-32

笔头放在草木灰上
–
图3-33

4.晒笔头

浸在水中或者含水量较大的笔头总有一定的膨胀,如果直接扎线,待笔头干燥收缩时,丝线必然会松弛。所以,如果笔头不晒干晒透,就不能进入扎笔头的工序。晒笔头前,应先将披好盖毛的笔头根部蘸上海花菜熬的胶,以免晒的过程中散开。注意只能用很稀的胶,以免黏得太紧,在后面扎笔工序中用扎笔板无法顿平笔根。如图3-34所示为晒笔头,将笔头放在竹筛上,在太阳下晾晒,使之进一步干燥。竹筛里还有一些毛片,这些毛片是来不及处理的部分,为防止久放后发酵变烂,也要先晾晒干,以利于存放。

晒笔头
–
图3-34

5.扎笔头

用丝线在晒干了的笔头根部1~2毫米(远近距离可根据笔头大小掌握)处打一个活结,具体方法与紫毫笔扎笔头相同。用敲笔板拍打笔的根部,使之平正。前后移动笔头的位置,反复前推后拉,使笔头扎得更紧。一手持松香块在油灯的火焰上烤化,另一手持笔根在灯焰上烤一下,一方面烧去杂毛,另一方面使毛根变热,如图3-35所示。将毛根插入熔融状态的松香中,使之蘸满松香。再用敲笔板拍打,使笔根平齐,如图3-36所示。将新扎好的笔头在线上移动

将笔头根部靠近灯焰，烧去杂毛，同时加热
–
图3-35

蘸上松香之后，用板敲打，使笔根平齐
–
图3-36

至上一个扎好的笔头附近（一般移至与前一个笔头相距5毫米至1厘米处）。在移动过程中，松香逐渐冷却固化，这样渗到笔根中的松香即黏住整个笔头的根部，包括扎笔头的丝线，使之成为一个整体，这时候笔头就不能在丝线上移动了。此工序决定了以后笔头是否有脱毛现象。

需要说明的是，这种一串串（俗称"一线笔"）地扎笔头，用松香固定的方法，只适于一般尺寸的笔头，也就是较小号的笔头。对于特别大号的笔头，就不能用这种办法做，而只能单个单个地做，不能烧松香，也不用打活结（直接打死结）。至此，水盆工序结束。

三、装套

1.制杆

宣笔竹质笔杆传统制作方法是给笔头配笔杆，一对一制作。现在，无论是紫毫笔、羊毫笔，还是狼毫笔，传统的配管方式仍在采用。特别是一些高端定制，配笔管必然是个性化的，要根据所制笔的设计特点，一对一地设计制作。当然，现代生产方式最显著的特点是流水作业，笔杆的加工早已成为一项独立的与毛笔制作相配套的业务。如图3-37所示为机械制作的各式笔杆半成品。

古代毛笔虽然大多配以竹管，但有不同材质，尤其是皇家用笔，更是不惜重金，像明代宣德笔、清代乾隆笔等，均是奢华至极。中华人民共和国成立之后，宣笔制作逐渐发展起来。1972年开始恢复书画笔制作之后，笔杆的品种迅

机械制作的各式笔杆
-
图3-37

速增多,如图3-38所示为各种香妃竹笔杆。此外,一些如木质的、瓷制的、装斗的、镶嵌的等,都得到应用。在笔杆制作中,还有一些很好的创意,如图3-39所示的斗笔笔杆,就是用旧秤杆制作的。秤杆制作本身就是一种传统手工艺,秤杆是用优质硬杂木制作的,其上有规律分布的秤星形成了特殊的纹饰效

不同规格的香妃竹笔杆
-
图3-38

余征军用废秤杆制作的斗笔笔杆
-
图3-39

果。这样的创意不仅实现了废物利用，而且“秤心如意”笔之类的命名也具吉祥寓意，受到用户的喜爱。

试装
–
图 3–40

2.装笔头

羊毫笔装笔头的方法与紫毫笔相似。首先将笔头之间的连线剪断，接着试装笔头。由于笔杆空腔的尺寸是统一的，为提高工效，应先逐一试一下笔头大小是否合适，合适的就将笔头放在笔管上，如图 3–40 所示。一般而言，大部分笔头都是合适的，也有少数大了或小了的笔头，可另放在一边。

20世纪80年代，宣笔制作开始使用717胶，将其与作为膨胀剂的熟石膏混合，形成较浓稠的胶液。使用时，用特制的工具蘸适量的胶液涂在笔管内腔的周围，将笔头平正地装进去，等1小时后检查一下，如果有胶液膨胀溢出，则应及时处理。否则胶液一旦黏到笔头出锋部分，笔头就会成为废品。

如图 3–41 所示为涂胶液，即用一个铁质细毛刷将配好的胶液均匀涂抹到木质笔杆的孔腔四周，然后将笔头纳入其中。待胶液干后，笔头与笔杆结合为一体。注意涂抹的胶液要适量，插入笔头时要摆正，并且适当停顿，使胶液起作用。

在传统的装配模式中，由于是现场加工笔管，所以无论笔头是稍大还是稍小，都可以通过选配和加工做到适配。现在采用机械制作的笔管，管腔的尺寸是统一的，笔头的尺寸如果误差较大，还得做妥善处理。如果笔头稍大一点，则可以按如图 3–42 所示用铰刀对木杆进行扩孔。如果两者差距太大，则最好的办法是换用稍大一号或者稍小一号的笔杆安装。一般情况下，不采取拆散笔头再重新扎笔的办法。

四、修笔

修笔又称“择笔”，这是宣笔制作过程中的一道重要工序。其主要作用有

涂胶液
-
图3-41

扩孔
-
图3-42

两方面:一是通过除去笔头中多余的毛,将有问题的笔头修理成理想的结构;二是通过胶的作用,将整理好的笔头固化定型。

1.梳笔头

用梳子梳理笔头,除去其中的浮毛(根部没有被扎住的毛)和其他杂质,如图3-43所示。

2.盘顶和扭笔

盘顶如图3-44所示,用笔尖蘸取适量清水(注意只是笔尖部分,如果整个笔头都蘸有清水,则后面蘸的胶液就会被稀释,影响笔的定型)在手掌上按顺

梳笔头
-
图3-43

盘顶
-
图3-44

时针、逆时针方向交替盘。在盘顶的过程中，没有锋的秃毛会突出来，发现之后应立即剔除。接着扭动整笔，感觉一下整笔是否平顺，俗称“扭笔”，如图3-45所示。如发现有“脱节”现象，应立即修整，俗称“迭桩”，如图3-46所示，使笔在修理成型时外表平顺。

扭笔
–
图3-45

迭桩
–
图3-46

所谓脱节，就是指通过兼毫和兼衬，使笔头长短毛按照设计要求分布，构成一个完美的笔形。如果在这些环节出了问题，如第三道毫与第二道毫之间拉的距离过大，就会使相应的地方显得较为薄弱。兼毫和兼衬工序若没有做到位，则会导致笔头不够浑圆等。如果问题过于严重，则作为次品剔除。一般情况下，可以通过整理来加以弥补。

3.打胶

把笔头拨开，在胶碗中反复杵动，使每一根毛都蘸透胶液，即把胶“打透”。之后，用虎口（大笔，图3-47）或用拇指与食指的弯曲部（小笔）把多余的胶挤干净。接着用骨梳把笔头梳顺，用刷子将表面的盖毛刷顺，如图3-48所示。

静置一会，用手从笔根向笔尖捋，使整个笔头所有的毛都平直，整笔成理想的造型。也有用棉线打的活结从笔根逐渐向笔头拉，将多余的胶挤出来，同时使笔头平顺，如图3-49所示。

将多余的胶液挤压出来
–
图 3–47

用刷子刷顺盖毛
–
图 3–48

最后再用修笔刀将盖毛挑起并理平顺，如图 3–50 所示，使之均匀地分布在笔柱外。

用棉线挤胶
–
图 3–49

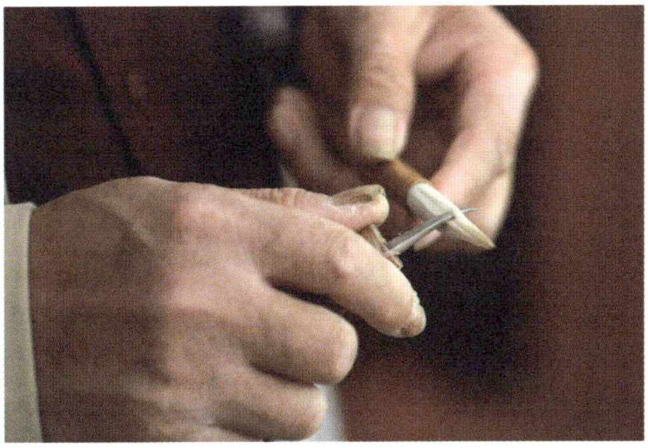

理顺盖毛
–
图 3–50

打胶工序有三个要点：一是要保证笔头吃透胶，也就是每个部分、每根毛都要吃上胶，不能有任何一块遗漏；二是要尽可能把多余的胶挤出来；三是要把所有的毛理平顺。三个要点中有一项没有做到位，都会影响笔的质量。因为打胶的目的是为了让原本自然弯曲的毛在胶的作用下被拉直，这样，后面晒干之后则可以保持在顺直的状态，进而定型在理想的状态下。如果其中有些毛没有吃上胶，则这部分毛就没有被拉直，或者虽然吃上胶但没有被理顺，自然也会破坏整笔的统一性；如果有多余的胶滞留在笔头的某个部位，则晒干之后这里就会形成一个空缺，自然也会破坏笔的造型。

晾晒
–
图3–51

4. 晾晒

打过胶之后，应先将笔放在通风阴凉处阴干，之后再放在阳光下晒干定型，如图3–51所示。这样做的好处是笔头在此过程中是慢慢收干的，不会因快速收干而回缩。同时应注意不能暴晒，因为在笔头潮湿的情况下，暴晒会对笔管造成破坏。

高档宣笔中的羊毫笔和狼毫笔要两次定型。第一次定型晒干后，打开，再进行一遍。这是因为在第一次定型过程中有些毫会回缩，没有被拉直，通过再次定型，可以避免出现这样的问题。

5. 刻字

现在，随着宣笔产量的增多和人工成本的提高，越来越多的笔厂开始引进激光刻字设备来替代手工刻字。激光刻字机的应用使得刻字这道工序变得更加快捷，大大节省了人力成本，同时具有字体规整、大小统一等特点。当然，由于市场上尚有一些追求个性化和书写美感的用户，故机器刻字还不能完全替代手工刻字。

如图3–52所示为激光刻字机在木质笔杆上刻字的情形，其字体是预先在电脑上排版好的。之后，要像手工刻字一样，在刻出的阴文字迹中涂上合适颜色，使字迹更加突显，如图3–53所示。

激光刻字机刻字
–
图3–52

涂色
–
图3–53

五、包装

对成品笔做最后的检验，然后将质量合格的产品贴上标签，装盒。

1. 检验

检验是宣笔出厂前必要的一道工序，一般由经验丰富的师傅完成，主要包括以下几方面内容。

一是看笔头是否平正。笔头的形状是由修笔工序决定的，如果修笔的师傅不认真，或者技术没有掌握好，或者状态不佳，就会导致笔头定型不正，或者盖毛不够直顺，有时还会出现因多余的胶没有清除干净，晒干之后出现空虚点等问题。如图3-54所示为国家级非物质文化遗产项目宣笔制作技艺代表性传承人佘征军对成品笔做最后的质量检验。

佘征军对成品笔进行质量检验

–

图3-54

二要看笔头与笔管的连接是否牢固。在装笔头工序中，如胶黏结不牢则可能会脱胶，如胶打得过多则可能会膨胀出来。

三要看笔杆本身是否弯曲、笔杆有无开裂或其他方面的问题。

四要看刻字有没有错误。过去手工刻字更有可能出差错。现在电脑排版一般不会出错，但一旦有错，就不是个别错误了。

检验时，如果发现有上述问题，就要挑出来返工。有些问题如竹质笔杆不直等可以立即解决，有的只能做次品处理。

2. 包装

包装就是将检验合格的产品贴上企业商标，装进套盒，准备出售。

包装大致可分为以下两种。

一是普通的散笔。为了运输和计数方便，一般以10支为一个小包装（过去出口常常12支一打包装）：5个小包装合在一起为中包装，10个小包装合在一起算是大包装。

二是盒装。一般以单数为多，每一支、三支、五支装在一个盒子里，构成一个套装。既可以是同一种笔的大、中、小号成一套，也可以按特殊用途，如将一套山水画笔包装在一起成一套等。如图3–55所示为佘征军制作的加健羊毫套笔。

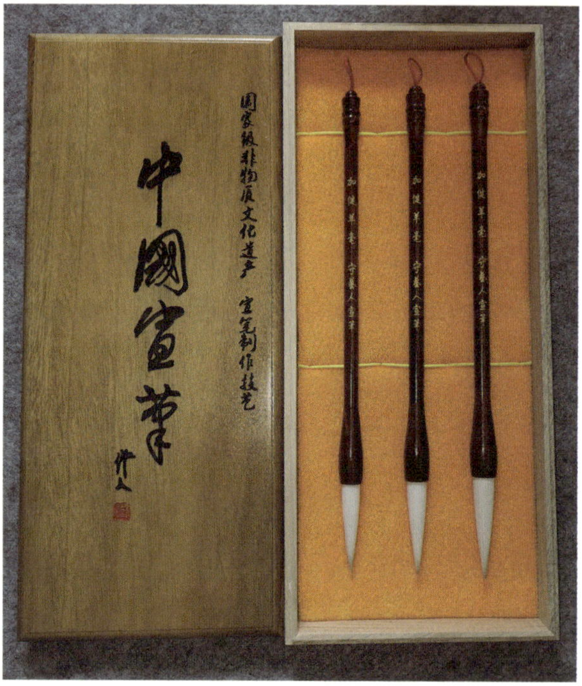

佘征军制作的加健羊毫套笔

–

图3–55

第二节 狼毫笔制作工艺流程

说到狼毫笔，不少人以为是用狼的毛制作的笔，其实不然。狼毫笔的主要原料取自黄鼬尾巴上的毛，之所以称“狼毫”，大概是黄鼬俗称“黄鼠狼”的缘故。黄鼬的栖息地分布很广，不同地区黄鼬的尾毛质量有显著差异。这里以纯狼毫笔的制作方法为主线，介绍狼毫笔的制作工艺流程。

一、选毫

1.拔毫

笔之贵在于毫。与紫毫笔、羊毫笔一样，制作狼毫笔的毫选用也很有讲究，取毫的方法也很有特点。

黄鼬尾毛跟兔毫差不多，稍稍长一点就很难得。为了物尽其用，一般采用连根拔的方法取毫。具体有三种方法：一是干拔，就是直接从黄鼬尾巴上将毛拔下来。其优点是对毛的损伤最小，缺点是太费力，而且不能用蛮力，如果生拉硬拽，操作不当，就会造成大量的断毛，所以要讲究技巧，用佘征军爱人吴琼老师的话说，就是要会用“寸劲”，如图3-56所示为吴琼老师在进行干拔毛操作。二是清水拔，即先将干尾在清水中浸泡一昼夜，然后用手拔。清水拔与干拔相比，要省力一些，对成品率的影响也不大，也是比较常用的方法。三是矾水拔，即将干尾放在一定浓度的明矾溶液中浸泡一昼夜之后再拔，这样拔起来很轻松。矾水拔的缺点是经矾水浸泡后，毛变得很脆，在梳理中很容易折断，成品率很低，所以现在基本上已不采用。

吴琼老师在进行干拔毛操作

图3-56

黄鼬尾毛又短又光滑，拔毛时可先在手上蘸点草木灰或老粉（石灰粉），然后用手将毛连绒一道卷起一小撮，用力拔下来。

2.理毛

同一根黄鼬尾上，不同部位的毛质量大不相同。尾中段朝上的毛既粗又直，是整条尾毛中最上等的料，一般用作盖毛和芯毛。这个部位的毛虽不是最长的，但由于长在上方，很少受到他物的摩擦，所以锋颖最好。最长的毛长在尾梢，如图3-57所示，由于长年拖在地上，其锋颖多不太好，毛尖比较秃钝，但是由于其长度难得，所以仍常被选作特长狼毫笔芯毛。自尾脊向两侧方向，越往下方的毛越次，且良莠不齐，要做区分择选；再往下，面朝下方的毛受摩擦多，锋颖大多不好。与腔体相连接的尾根部的毛含绒量较大，毛根较细，需要裁去细毛根，虽然这样剩下的毛比较短，不过其锋尖好，可用作盖毛的“贴手”（盖毛也不是一道齐的，有长有短，其中短的部分俗称“贴手”）。

如图3-58所示，最上一行为一根完整的黄鼬尾，下面依次为从其上对应的部位取下的毛：左边的一团为根毛，含绒量大；中间的上面一撮是尾上部的毛，质量最佳；右边的一撮是较长的尾毛。毛拔下来之后应分类放置，分别处理，以便根据毛的长短和粗细不同各取所用。

尾梢部的毛
–
图3-57

分类放置
–
图3-58

3. 掌平

从拔下的毛中取一撮，右手抓住毛的上部，将毛根部往左手掌上攒，俗称“掌平”。也可以用牛骨板平面挡住毛团根部，如图3-59所示，将毛团的根部往骨板平面上攒，目的就是使根部大致平齐。

4. 去绒

左手握住毛团的上半部，右手用牛角梳反复梳，除去根部的大部分绒毛，如图3-60所示。

用牛骨板挡住毛团根部
–
图3-59

用牛角梳梳去绒毛
–
图3-60

5. 固定毛根

除去大部分绒毛之后，再将毛根蘸少量水，用手指轻揉，使一撮毛的毛根黏在一起，如图3-61、图3-62所示。这其实是剩余的绒毛在起作用。

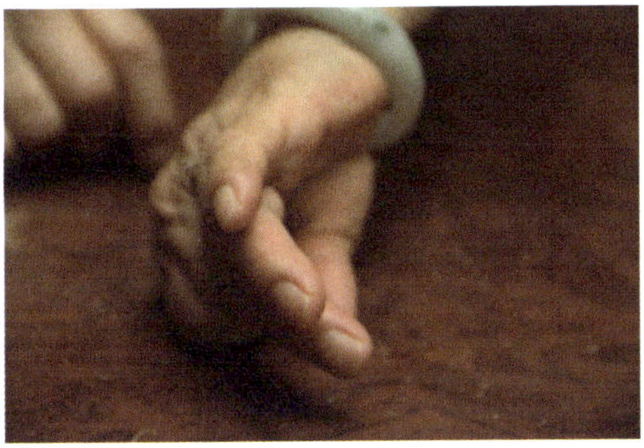

轻揉
–
图3-61

毛根在水的作用下黏在一起
–
图3-62

6. 脱脂

取去过绒的毛团，将毛片根部抵在木盆壁上，如图3-63所示，这样做可以有效地防止毛片在浸水时散开（未经碱沤的毛非常滑，前道工序固定毛根就是防止毛团在浸水过程中散开）。反复握紧松开，使毛团充分吸入水分。最后紧握毛团,使其中的水分尽可能去净,然后根部向下放在敲毫板上。

调好石灰水,将毛团放在石灰水中,用手攥几下,使之浸透石灰水,然后停置浸沤。注意水位应在毛团的中部,如图3-64所示,锋颖一定要露在外面,只能靠石灰水的浸润效应,受到一定的渐上渐弱的作用。浸沤的时间视气温高低和石灰水的浓度而定,实际操作时凭经验掌握。

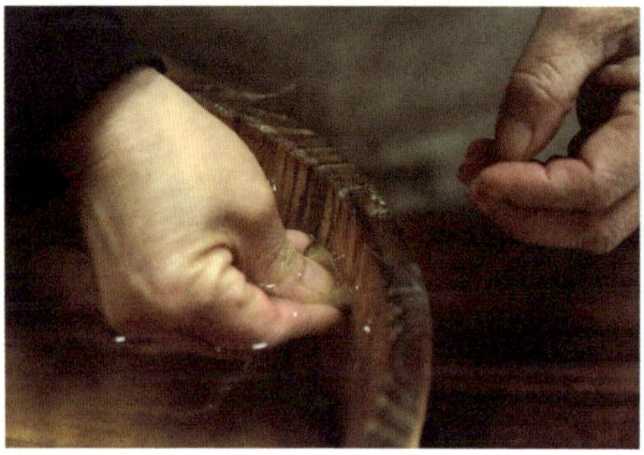

将根部抵在木盆壁上

-

图3-63

浸沤

-

图3-64

二、齐毫

1.清洗

将浸过石灰水的毛团放在清水中,用力抓放,洗净其中残存的石灰水。

2.去绒

左手抓紧毛片的根部,靠在水盆边,用牛角梳反复梳理其根部,梳去根部的皮脂和绒毛,如图3-65所示。调一面梳,再调一头,捏住毛片根部,梳顺毛片上半部分的两面。梳过一遍后,将毛片放在牛角梳平面上用手指碾展成薄片后折起来,如图3-66所示,然后再梳。如此反复五六次。这相当于间毫工序,目的是使整片毛混合均匀。这道工序做得次数越多,后面齐毛越顺手。梳理好的毛片如图3-67所示。

3.梳绒

将搭配均匀的毛片分成若干较小的毛片。一手抓住毛片,露出根部,用密牛角梳梳出根部残余的绒毛,如图3-68所示。操作时应注意用力精准,不能

梳出的绒毛
–
图3-65

翻折毛片
–
图3-66

梳理好的毛片
–
图3-67

让绒毛脱离毛片。梳好一面后，将毛片放在骨尺上，毛片根部向下，敲骨尺，使毛片根部整齐；然后对折毛片，用同样的方法梳出毛片另一面的绒毛，留在毛根处。梳出的绒毛在下道齐毛工序中可作为把手，工艺要求是各个部分梳出的绒毛量要均匀。

4.齐毫

齐毫如图3-69所示，用手抓住根部的绒毛把手，将整片毛从长到短一根根拉出来，保证毫尖部分平齐。齐好的毛片要用麻条、毛巾、绒毛团盖住，如图3-70所示，防止水分蒸发，以免切毫时因毛片失水，膨起来不成片。

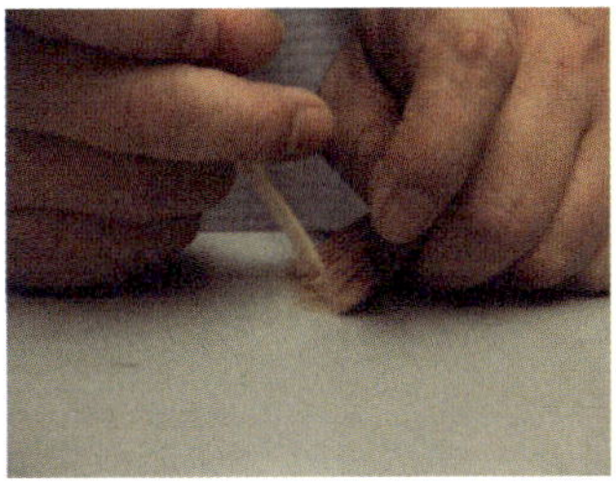

梳绒
–
图3-68

齐毫
–
图3-69

将齐好的毛片盖起来
–
图3-70

三、配毫

1.压毫

按设计配芯毛时，当然要选择直而尖的毛做芯毛。其中，锋颖最好的做头道顶毛，二道、三道毛之间的距离由操作者凭经验掌握。注意毛片中最长的毛有可能是尾梢毛，要取出来另作他用，不能上顶。

狼毫也有蕾，其相对于紫毫而言，要小一些。特别是做小楷笔，更要注意，以免做出来的笔聚锋性差。压毫师傅要对每片毛上蕾的位置充分了解，有经验者通常只要用手摸一下，就能做到心中有数。在压毫时应注意破蕾，也就是要把头道毛、二道毛、三道毛的蕾错开，不能聚在同一个位置上，如图3-71所示。确定了笔的尺寸后，还应选定相应尺寸的“至子”，将头道毛、二道毛、三道毛压在至子上，用单面毫刀切除根部多余的部分。

破蕾压毫

–

图3-71

宣笔在压毫过程中，为了破蕾和笔头造型的需要，在压二道毛、三道毛时，有时要使之与头道毛的锋线有一定的夹角，也就是要倾斜一定的角度。但一般都是要把根部切齐。有经验的师傅在进行这道工序时，有时会加一道帖，把根部斜切，如图3-72所示。实际上斜切毛片的根部与把头部倾斜原理是一样的。毛根顿平之后，一般要使头部毫毛呈一定的长短不齐的分布状态。

2.兼毫

压过的毫要反复梳顺、展开、折叠，梳顺后再展开。如此反复，使长短不同的锋毛充分混合均匀。在兼毫的过程中，要不时用牛角梳子带着毛片在木板或石板的平面上敲，使毛片根部保持整齐一致。

3.挑虚锋

梳好的毛片中，仍有不少倒毛和虚锋，需要尽可能多地剔除。具体方法是：先用菜刀刃轻刮薄毛片，可以将其中的杂毛刮出来；然后借助光线，用小刀剔除干净，如图3-73所示。

斜切根部
-
图3-72

剔除虚锋和倒毛
-
图3-73

四、配副毛

1.制备衬毛

笔柱是由主毛、衬毛两部分(也有加腰底毛的,这样就是三部分)构成的。衬毛的作用是使毛笔有腰力,高质量狼毫笔的衬毛也是用黄鼬尾毛制作的。衬毛一般可以选用尾根部毛,其毛根较细,不适于做芯毛。选好尾根部毛后,先可以将毛根截掉一段,锋颖好的可用作盖毛的贴手,一般的就可用作纯狼毫笔的衬毛。秋尾毛或者长江路尾毛,虽粗糙但弹性较好。做硬衬狼毫宣笔,一般选用香狸的枪毛。制备衬毛的工序与制备芯毛的工序基本一致,只是没有剔除倒毛等工序。

2.压衬

压衬是指将不同长度的衬毛,根据设计要求按比例搭配,切齐根部。

3.合衬

合衬是指将衬毛按一定比例掺入芯毛中。如图3-74所示为笔头中芯毛与衬毛搭配的情况。

笔头中芯毛与衬毛的配比情况
-
图3-74

4.兼衬

制作狼毫笔兼衬操作与制作紫毫笔和羊毫笔的这一工序基本相同。用牛角梳梳理搭配后的混合毛，梳顺后铺开、折叠，然后再梳理。如此反复多次，使芯毛与衬毛均匀混合。每次都要将毛片放在骨尺上，在桌面上顿几下，使毛片的根部整齐。

黄山市国家级非物质文化遗产项目徽笔制作技艺传承人杨文介绍说，过去他爷爷教他制作狼毫笔，除了芯毛和衬毛之外，还要加“腰底毛”。这里说的腰底毛也可以理解为是衬毛的一部分，是其中处于最根端、最基础的部分，加在笔头的根部可起支撑作用，使根部鼓起来。杨文制作的狼毫笔，多用苎麻作腰底毛，其优点是笔头容易扎牢，遇水膨胀后更紧。但传统的以苎麻制作腰底毛的方法很费力，现在很多制笔者都改用猪鬃或其他一些新的材料。腰底毛的制作也包含很多工序，最终用在笔头上的部分要切得很短，如图3-75所示。一般来说，做3厘米长的笔头，腰底毛大约有0.5厘米长，如图3-76所示为加入腰底毛之后铺开的情形。

准备加入的苎麻料腰底毛

–

图3-75

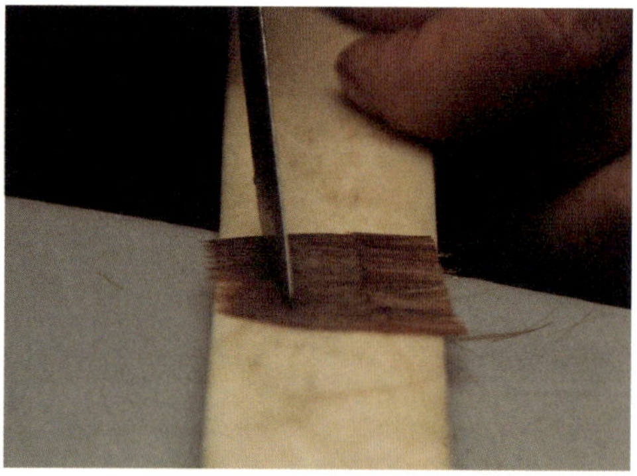

铺开

–

图3-76

加入腰底毛时，同样需要与前面的两部分混合均匀。方法与之前一样，就是反复地梳、铺开、折叠，再梳。整个过程中要辅之以顿，使各种长度的毛根部始终对齐。

宣笔制作技艺国家级传承人佘征军介绍说，古代宣笔制作的确是要加麻衬的，俗话说“无麻不成笔”。但麻衬笔属于水笔的范畴。所谓“水笔”，就是要一直保持潮湿状态的笔，一般为账房先生等人书写所用，不用时要套上笔套，使笔头保持可书写的状态。水笔中的麻胎含水之后可以锁定锋毛，使笔定型；

书写的时候，锋毫的位置很稳定，类似后来出现的软笔，容易驾驭，所以过去搞篆刻的人写印面都喜欢选用这种笔。但是，麻胎笔必须保持潮湿状态，不能像其他笔那样清洗，然后放干。这是因为麻胎笔在清洗过程中，不可能像制笔时那样很好地梳理，这样，如果随意地洗，则会使麻胎纤维与锋毫之间不能平顺，洗之后再用时往往就会感觉不好用。正因为如此，现在宣笔已很少用麻胎制作，除非客户提出特殊需求。

据余征军介绍，过去制作狼毫笔，一般用本地狼毫做芯毛，用鸡毫做盖毛。这里说的鸡毫，是指如图3-77所示的土公鸡颈毛，一般取长在主干上的侧毛，而不是整鸡毛，用其制作出来的笔称鸡狼毫笔。这种笔聚锋，拢合性很好，书写时很顺手。

土公鸡颈毛
–
图3-77

五、圆笔头

1.圆笔

将制作笔柱的全料按笔头大小，分成一个个小片，每一片是制作一个笔柱的量。取一小份全料，用刀头在骨尺上将其均匀展开成薄片状，从一边开始卷起薄毛片，即做成一支笔柱，如图3-78所示。

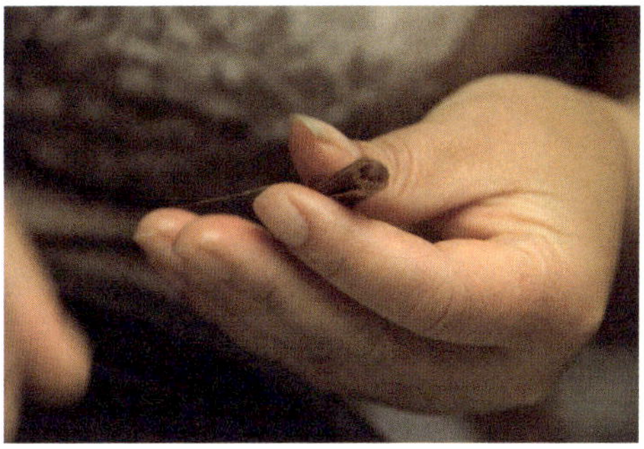

卷成笔柱
–
图3-78

2.制备披毛

笔柱做好之后，外面还要披上一层毛。这层“披毛”的第一个作用是裹锋，增加笔头的含墨量，所以用料要细柔一些；另一个作用是将参差不齐的毛遮挡住，使笔头更加美观。披毛所用的料必须是优质的，一般选用尾中部较细软的料。

制备披毛的过程与芯毛的制备过程完全一样，经过十余道工序，最终制成洁净的毛片。

披毛的长度略短于芯毛，同样不能一样齐，而要成一定的坡度，否则会形成一个“喇叭口”。

3. 披盖毛

用刀片从毛片上挑起薄薄的一层，放在平板上，使之在刀头的作用下均匀展开，如图3-79所示。将薄片裹在笔柱上，注意要使披毛的根部与笔柱的根部对齐。披上毛之后，将笔头根部在台面上顿几下，使整个笔头的根部平齐。

4. 固定笔尖

将做好的笔头尖部蘸一些海藻胶，使之固定，防止笔毛错位。注意在羊毫笔制作技艺中，这道工序是用稀释的海藻胶固定笔头的根部的。应该说固定根部更有道理，因为笔头上所有的长毫短毛根部都是平齐的。

5. 烧毛根

在小油灯或蜡烛的火苗上烧去笔头根部残留的细毛，如图3-80所示，避免在后面的操作中不小心拉起绒毛，造成笔头散乱。

用刀片从毛片上挑起薄薄的一层盖毛
–
图3-79

烧去笔头根部的乱毛头
–
图3-80

6. 顿笔头

将笔头根部蘸少许水，在玻璃面板上反复顿，一定要保证根部平整。因为制作笔头所有毛的长短分布都是以毛根在同一水平线上为基础的，如果根部不平齐，则会影响笔头的质量。

7. 放置草木灰上吸水

取草木灰适量，筛去杂质，压紧，整平。将做好的笔头根部朝下放在草木灰堆面上，让草木灰吸去笔头中的水分。

8.晒笔头

将笔头放在筛子里，放在太阳下晾晒至干。

六、扎笔头、装管

1.扎笔头

扎笔头这一工序十分重要，后面做成的笔若出现掉毛大多是因为在这个环节出了问题。扎笔头最好是用丝线，现在也有用棉线或尼龙线的。一般先扎远离根部的一道，再扎靠近根部的另一道，第二道线更靠近毛根，如图3-81所示。如图3-82所示为扎好线的笔头。

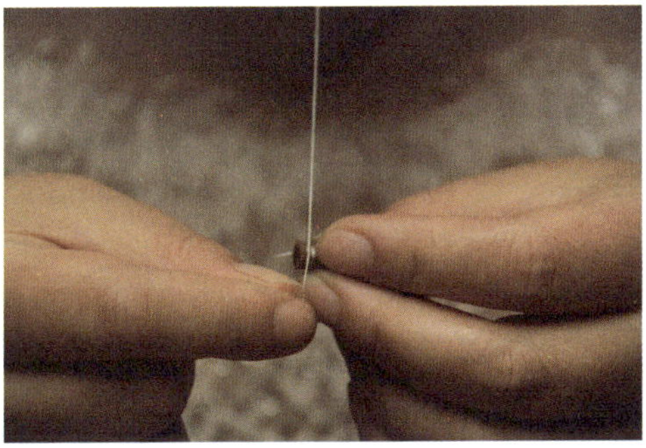

第二道线更靠近毛根

–

图3-81

扎好线的笔头

–

图3-82

2.装管

装管工序若不过关，则后面可能造成笔头脱落。现在普遍采用树脂胶装管。树脂胶主要有两种，即717（慢凝）和718（快凝）。

如图3-83所示，取一笔头，根部蘸上适量的胶液。注意不能太多，否则凝固后会造成胀鼓；也不能太少，

蘸适量的胶

–

图3-83

否则黏不牢，笔头易脱落。将蘸上胶的笔头根部插入笔杆腔中。注意装笔头时一定要正，深浅要适当，发现问题应及时调整。过一会待胶液发力后，用手拉一拉，检验一下是否黏牢。

七、清锋、修笔

1.清锋

转动笔头，查找笔头中是否有杂毫，如图3-84所示，若有，则应用修笔刀剔除掉。有时即使是好毛，但与笔中其他部分不般配，也需要剔除。

2.修笔

修笔的方法在羊毫笔制作技艺中也有介绍。取一支笔，将笔头插入海藻胶中，反复杵捣，使笔头上的每根毛都蘸上胶，接着用手捋笔头，用毛刷刷表面的毛，使整个笔头都很平顺。

纠正笔头结构中存在的问题，再用胶液固定笔头的各部分毛，使整个笔头平顺，并且定型在理想的状态，达到"尖""齐""圆""健"等要求。修好的笔头如图3-85所示。

后续的刻字、包装、检验等工序与羊毫笔制作相似，这里不再赘述。

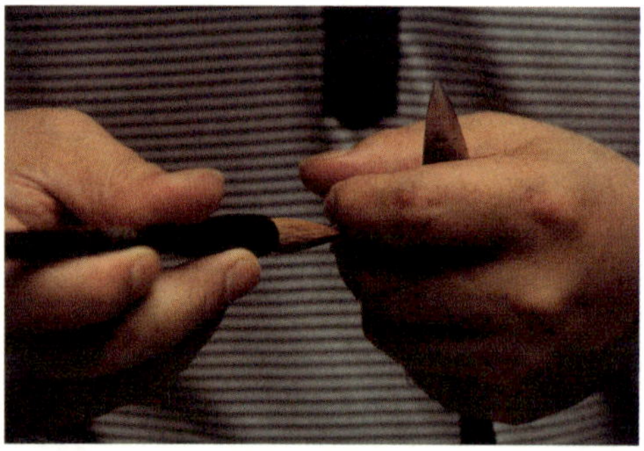

转笔头
–
图3-84

修好的笔头
–
图3-85

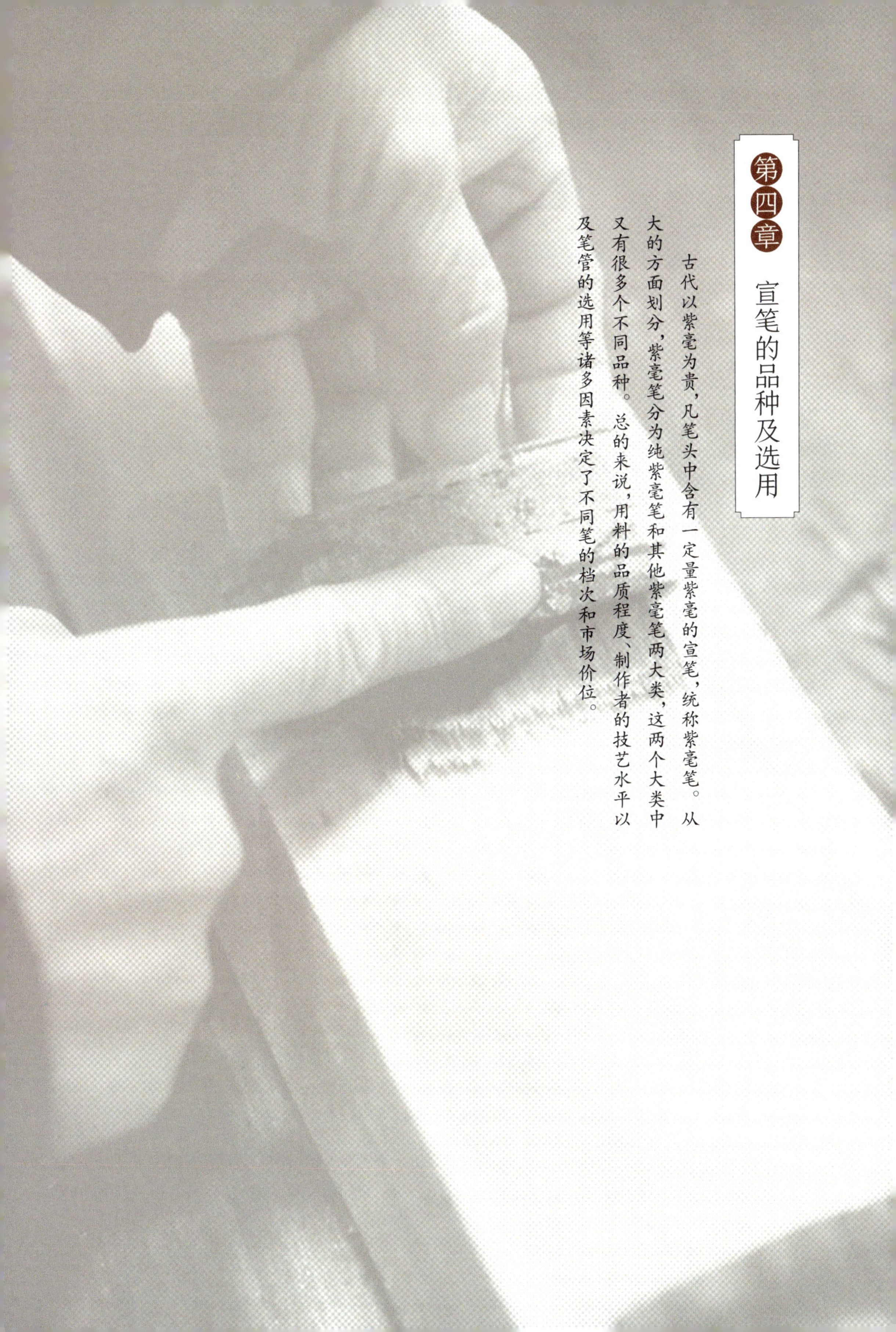

第四章 宣笔的品种及选用

古代以紫毫为贵，凡笔头中含有一定量紫毫的宣笔，统称紫毫笔。从大的方面划分，紫毫笔分为纯紫毫笔和其他紫毫笔两大类，这两个大类中又有很多个不同品种。总的来说，用料的品质程度、制作者的技艺水平以及笔管的选用等诸多因素决定了不同笔的档次和市场价位。

宣笔是一种文房用具,可以用来写字作画。宣笔的品种多达数百个,不可能也没有必要一一介绍,一般的使用者只需从整体上对宣笔有一个概括的了解。总的来说,宣笔主要有以下两种不同的分类方法。

(1)根据笔的物质特性和结构特征来划分。一是按制作笔头的原料品种来划分,主要有五大类,即紫毫笔、羊毫笔、狼毫笔、兼毫笔和石獾毫笔等;二是按照笔头的大小和外形来分,有粗细不同、长短不同以及形态不同的笔;三是按照原料的品质程度,有高、中、低不同档次的笔;四是按笔杆的不同,也可分成不同的品种。将四者结合起来,进行排列组合,还会形成很多不同的品种。因此说宣笔有数百个品种就不难理解了。

(2)根据用途的不同来划分。首先有书法用笔和绘画用笔的区别。再进一步具体划分,书法用笔中按照最适于书写某种书体,或者说某种风格的书法,可以分成不同的笔种;再按照书写不同尺幅的字体,如大、中、小等,甚至同一系列十余个不同尺寸,又可分出不同的品种。绘画用笔品种更多,国画中的勾、皴、擦、染、点等不同的技法,还有创作不同题材的作品,对毛笔都有不同的要求,针对这些功能需求制作的毛笔,就成为一个新的品种。同样的,不同尺幅的国画作品,对同一种功能的毛笔,在尺寸上也有不同的要求。

这是两种并列的分类方法,其中任何一个分类体系中的任何一个品种,都相应地可以在另一种分类体系中找到对应的品种。下面我们以第一种分类方法为主线,介绍一些主要宣笔品种的原料构成、结构特点和主要用途,包括市场价位以及使用和保养中应当注意的事项等。

第一节
紫毫笔的品种及选用

古代以紫毫为贵,凡笔头中含有一定量的紫毫的宣笔,统称紫毫笔。紫毫笔分为纯紫毫笔和其他紫毫笔两大类。

一、纯紫毫笔

纯紫毫笔的芯毛、衬毛和盖毛均以兔毫为原料。根据原料品质和制作工艺不同，可分为高、中、低不同档次。紫毫中最好的是黑尖，然后依次是白尖、花尖、深锋、四花、五花等。用黑尖做芯毛和盖毛，以花尖和深锋作衬，制作的纯紫毫笔当然就是最高档的紫毫笔。相比之下，以白尖或花尖做芯毛和盖毛，以四花、五花作衬，制作的纯紫毫笔档次就要降低一等。以此类推，最差的如四花紫毫、五花紫毫之类，是用四花、五花做芯毛制作的。当然，不同兔皮板上的黑尖、白尖、花尖，制作出的笔的质量也是有差异的，不能简单地一概而论，主要还得看制作者的技艺水平，以及配用笔杆的档次等，才能最终决定笔的档次。

如图4-1所示为三种不同的纯紫毫笔。其中，中间的一支木杆笔称“铁头紫毫”，其制作方法是选用上等紫毫为芯毛和盖毛，以花尖为衬。铁头紫毫笔书写时行笔犀利，转折柔顺，运笔中容易展现牵丝连带的效果，特别适于书写小行草书，其市场价格从数十元到上千元不等。下面的圆管散笔头的是枣核（也称“枣心”）紫毫笔，其因蘸水之后笔头的形状像一枚枣核而得名，是传统的著名宣笔品种。上面一支较小的竹管笔，是工笔画和国画勾勒轮廓常用的“勾

纯紫毫笔
–
图4-1

线"笔。特别需要指明的是，紫毫笔并不以大小论高低，而且笔头越小，对做工的要求就越高。高档纯紫毫笔，哪怕只有一根芯毛秃锋，都会影响笔的质量，所以必须制作精良。

纯紫毫笔具有以下几个特点：一是笔头不会太大，黑尖最长不超过5厘米，做成笔头之后，纳入管腔的长度一般在1.4厘米，而且只能更长不宜再短，所以紫毫笔最长的出锋也不过3.6厘米，如"仿唐鸡距笔""净纯小鼠须"等；中等长度的如"鼠须画笔"，出锋3.2厘米，"小鼠须"等出锋约3.0厘米，"雪山青玉"等出锋约2.8厘米；最短的"小紫毫"出锋只有2.2厘米。古代，特别是唐宋之前，多以紫毫笔为主，这与当时写字字体不大是对应的。二是笔锋犀利，正如白居易所说的"尖如锥兮利如刀"，线条的把控可以做到很精准。纯紫毫笔最适于写汉简、铁线篆书、二王小行书，写楷书更适合写欧体、柳体，如果写颜体就不太适合；绘画适于工笔、勾线等，不适于写意晕染。三是笔毛劲脆，易被折断，使用紫毫笔时，要特别注意这一特点，一般只能用笔头前端的五分之二部分（即笔毫的那一段），不能再往下压。这是因为腰部的衬毛只起支撑作用，如果压得太过，极易使锋毫受损，失去弹性，久而久之便会折断。

二、七紫三羊、五紫五羊、双料写卷

更多的紫毫笔则是在制作原料中加入了一定比例的其他材料而成的，传统的著名品种有"七紫三羊""五紫五羊"和"双料写卷"等。总体上看，含紫毫比例越大，笔的硬度就越大；含羊毫比例越高，笔的柔性就越强；若兼而有之，则软硬适中，刚柔相济。

"七紫三羊"是传统紫毫笔中最具代表性的品种，出锋3.2~3.6厘米，口径多在0.6~0.8厘米，如图4-2所示。该笔的芯毛采用上等紫毫，一般以黑尖制作；衬毛采用羊毛；盖毛过去多用羊羔的胎毛，现在一般用脚爪锋，其特点是柔而细、包裹性强、含墨量多，盖毛要比顶毛短一些，俗称"掉盖毛"，最适于写小行书。根据做工和用料的不同，七紫三羊宣笔的价格可以从十几元到上千元不等。七紫三羊最讲究的做法是以一年生雄兔的黑尖作芯毛，用上等山羊脚爪锋作衬，以上等山羊羔毛作盖，以红香妃竹为管，做工精致。

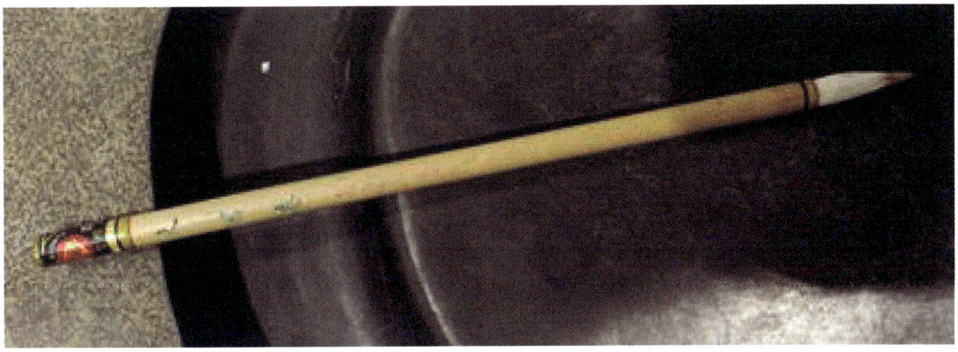

七紫三羊
–
图4–2

“七紫三羊”笔在制作时由于加入了一定比例的羊毛(无论加入的这些羊毛是作为盖毛还是作为衬毛),所以其与纯紫毫笔相比,具有新的特点。简单地说就是,它既保留了纯紫毫笔书写时的犀利,又有羊毫笔含墨饱满、吐墨均匀等特点,适用范围更广。

“五紫五羊”,顾名思义就是紫毫和羊毫各占一半,其实这也只是一个大致的比例。其制作方法与“七紫三羊”差不多,只是用料要稍次一些,一般选用花尖、深锋作芯毛,衬毛和盖毛的料也没有那么讲究。“五紫五羊”出锋较上述两种笔要短得多,一般在2.4厘米左右,属于较低档次的笔。

过去还流行一种“双料写卷”笔,这是一种紫毫小楷毛笔,用料比“七紫三羊”差一些,比“五紫五羊”好一些,一般用白尖作芯毛。双料写卷笔最适于书写小行楷,是古代社会普遍使用的一种书写用笔。

仿唐鸡距笔是近几年比较受欢迎的一种紫毫笔。泾县宣笔厂、六安一品斋、砀山“碧云轩”、临泉“文德堂”和“临谭笔庄”等,在20世纪80年代都生产过仿唐鸡距笔。但是,上述仿唐鸡距笔都只是形式上的模仿,包括现有博物馆收藏的一些所谓唐鸡距笔的仿制品,其结构都有问题。近几年,随着研究的深入,人们对于唐代鸡距笔的内部结构有了新的认识。现在,人们用顶级黑尖作芯,按照新工艺制作的仿唐鸡距笔,具有诸多新的品质特点。仿唐鸡距笔以崭新的面貌呈现于市场,受到越来越多书法爱好者的欢迎。

现在制作的仿唐鸡距笔的笔柱是用皮纸裹起来的,最简单的是裹一道(图

4-3)，一般的要裹两三道，留出来的笔锋约1厘米长，适合写蝇头小楷，或同样大小的行楷。与普通紫毫笔不同的是，由于其笔锋以下有纸紧裹着，所以使用时需要更加轻柔，如果过度按压，会使笔锋留下折痕，时间一长，就会使一些芯毛发生弯曲甚至折断，从而损坏整支笔。

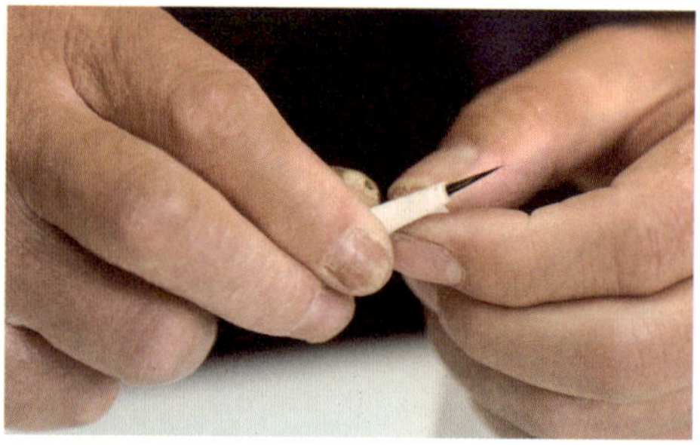

仿唐鸡距笔
–
图4-3

第二节
羊毫笔的品种及选用

羊毫笔是以羊毫为主要原料制作的毛笔。羊毫笔同样可以分为纯羊毫笔和以羊毫为主要成分兼用其他原料的羊毫笔两大类。羊毫笔按圆径和长度不同可以分很多规格，其笔管的长短粗细不同，相应地在功能上的差别也非常大。

一、纯羊毫笔

纯羊毫笔就是纯粹使用羊毛制作，笔头中不含有任何其他原料的毛笔。根据使用原料的品质不同，纯羊毫笔又可分为高档纯羊毫笔和普通纯羊毫笔两种。其中，高档纯羊毫笔是用高档的原料制作的，羊毫以锋颖为贵，锋颖长且毛条细而直的广锋羊毫是上品，而细嫩广锋又是其中最贵重的，用这些料为主要原料制作的纯羊毫笔档次较高。另外，纯羊毫笔本身对于制作者的技艺水平也有很高的要求。

如图4-4所示宣颖(5号)是纯羊毫笔的代表品种，其开发于20世纪80年代初期，从最大的1号到最小的10号，共有10个规格。其中1号笔最大，为口

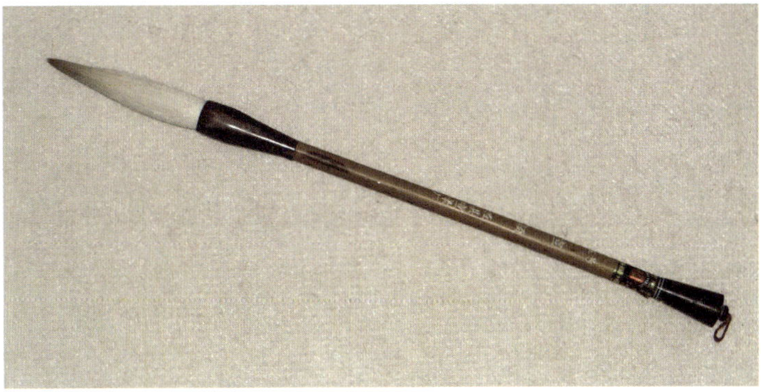

宣颖(5号)
-
图4-4

径23毫米、出锋14厘米的斗笔;最小的10号笔的口径只有5毫米,出锋4厘米。制作宣颖笔时,一般芯毛用细广锋,不加衬;盖毛用细嫩广锋,散锋,不修笔。宣颖笔看上去是齐头的,实际上锋毫的长度也有一定的坡度。由于所用羊毫超细而且长,所以齐毫的难度比较大。20世纪80年代中后期,宣颖笔以出口日本为主,当时其出厂价大号为850元、小号为15元(外贸公司卖到日本的价格分别为850美元和15美元)。现在做得比较多的是尺寸较小的6~10号笔,每支价格从数百元至数千元不等。较大号的以私人定制为主,1号笔目前价格在1.5万元左右。

在比"宣颖"更显得细而长的同类宣笔中,有"玉骨冰心"大中小套笔,口径分别为6毫米、7毫米、8毫米,出锋6厘米、7厘米、8厘米,其制作方法与"宣颖"相同。20世纪80年代外贸公司出口到日本的价格是50~150美元,现在的市场价格为300~500元。

另外,还有完全用细嫩广锋制作的顶级纯羊毫笔。如图4-5所示为一款长锋羊毫笔"阳春白雪",口径1.2厘米,长度15厘米。这种羊毫笔用细嫩广锋羊毫为原料,齐毫之后,根部切出斜坡状,混合均匀之后即扎笔头,既不加衬,也不披盖。用这种羊毫做笔,在脱脂工序时要特别注意保护好锋颖不能被石灰水或草木灰水浸渍腐蚀。阳春白雪长锋羊毫笔现在的市场价格在5 000元以上,一些知名书画家如董欣宾等都十分喜爱这种长锋羊毫笔。

当代著名书法家、书法理论研究者华人德先生,曾著文论述长锋羊毫笔。

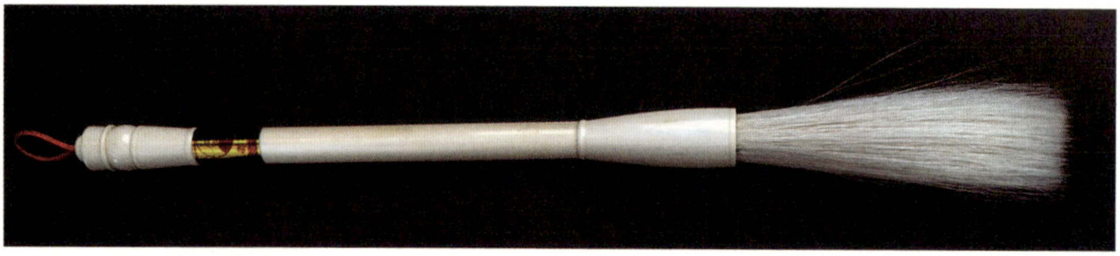

“阳春白雪”长锋羊毫笔
–
图4-5

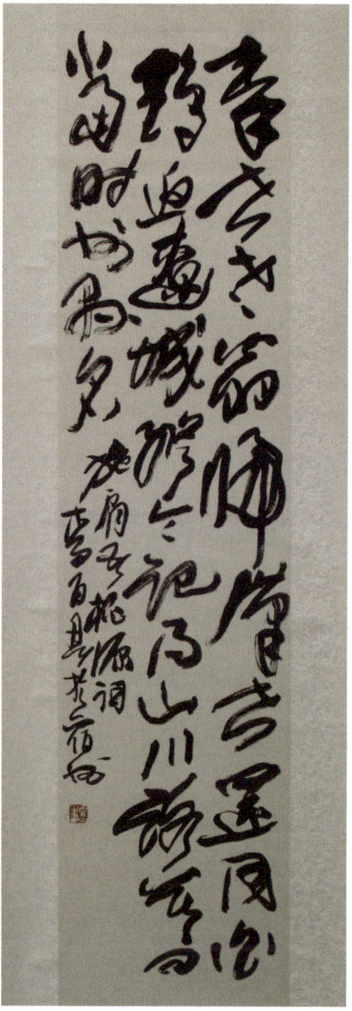

李百忍作品
–
图4-6

他指出，使用长锋羊毫笔时，必须肘腕悬起，以保证笔画正中运行。长锋羊毫笔最适宜写行草，尤其适合在生宣上作草书，正如清乾隆时以行草见长的书法家梁同书所言：“笔要软，软则遒；笔头要长，长则灵。”另外一些碑学派书家多偏爱长锋羊毫，著名的如皖籍书画家邓石如，“用长锋羊毫，悬腕双钩，五指齐力，管随指转，笔锋自正，毫端着纸，如锥画沙。其笔法迟重拙厚而一丝不懈，故无论是篆、隶、草、正，皆有十大精深气象。”当然，并非所有爱好书法的朋友都喜欢长锋羊毫笔，甚至包括一些成了名的书法家，也只是少数人习惯于用这种笔。因为长锋羊毫笔并不符合笔之“四德”的要求，最突出的是其没有加衬，所以腰柔软而无弹性，初用时感觉很不听使唤。长锋羊毫笔是宣笔中个性十足的一个品类，既神奇得令人向往，又古怪得让人无奈。如图4-6所示为当代著名书法家李百忍先生用长锋羊毫笔创作的作品。

长锋羊毫笔也有口径在5毫米左右的较细的品种。如图4-7所示的“滴泉”，其口径只有4~6毫米，笔头长度在10厘米左右。这

滴泉
–
图4–7

种笔最先是由董欣宾设计的，邵家干先生于20世纪80年代开始制作，其制作方法与“阳春白雪”相同。从功能上看，长锋羊毫笔是一种羊毫勾线笔，最适于画山水线条，也能用来写楷隶草书。由于其蘸水之后可以弯成90°以上，如图4–8所示，所以用来皴擦也没有问题（注意只有这种没有加衬的软毫笔才能这样使用，紫毫、狼毫以及含有这些硬毫的笔均不能这样）。长锋羊毫笔与紫毫、狼毫勾线笔相比，画出的线条更加柔美。但是由于这种笔没有加衬，腰力无健可言，所以用来写或画时，都要求使用者具有相应的驾驭能力，后来又有人称之为“醉仙”或者“一线天”等。目前，长锋羊毫笔大中小一套（口径4~6毫米）的市场价格在1 200元左右。

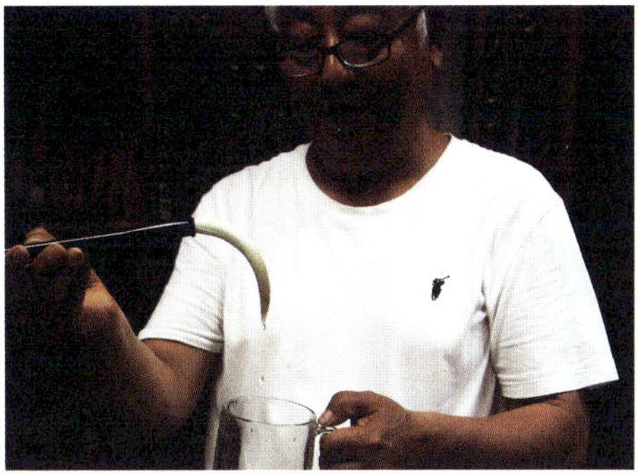

长锋纯羊毫笔没有加健加腰，非常柔软
–
图4–8

完全用细嫩广锋制作的长锋羊毫笔，其口径有很多个系列，比“滴泉”大的，口径从8毫米到20毫米都有。其中，普通大小（口径8~10毫米）的有“梦笔生花”等。

二、加健加衬长锋羊毫笔

与上述品种有所不同，更多的长锋羊毫笔在制作上会通过加衬、加健，使羊毫笔具备“尖”“齐”“圆”“健”等品质，能够满足不同层次使用者的需要。

如图4–9所示的中号“鹤颈”即是宣笔羊毫笔中的特色名品，这是20世纪

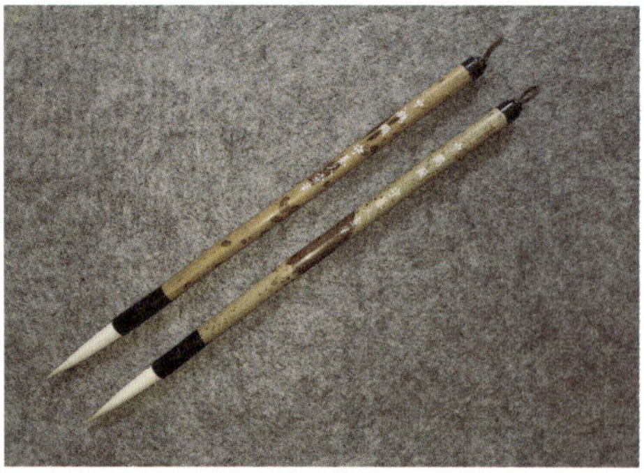

中号“鹤颈”
–
图4–9

70年代中后期为林散之先生定制的。当年林散之的草书在日本产生了巨大影响，林散之所用的长锋羊毫笔，对于当代宣笔的制作有很大影响，成为宣笔中羊毫笔的一大特色。这种笔的外形特点是细而长，有人形容其为柳叶状。另有“长颈鹿”宣笔，其口径一般在9毫米、10毫米、11毫米，出锋6.5厘米、7厘米、7.5厘米；用粗广锋作心，猪鬃和加粗的老广锋作衬，细广锋作盖；芯毛在压毫时，在普通笔三道的基础上再加一道，而且每一道拉开的距离稍大，使笔形成柳叶状。

“鹤颈”与“长颈鹿”是同一系列的长锋羊毫笔。大中小一套三支，口径分别为7毫米、8毫米、8.5毫米，出锋4.8厘米、5.2厘米、5.8厘米。芯毛和盖毛均为中广锋，毛的长度比广锋短，锋颖也稍短。“鹤颈”与“长颈鹿”一样，都主要作为书法用笔。

还有一种出锋更长的“冰肌玉骨”笔，大中小一套三支，口径分别为9毫米、8毫米、7毫米，出锋10.5厘米、9.5厘米、8厘米。其制作方法与“长颈鹿”笔相似，只是用长广锋作芯毛，猪鬃作衬，细广锋作盖毛。这种笔既可以写狂草，又可在绘画中拉长线条，是一种宜书宜画长锋羊毫笔。

如图4–10所示为加健羊毫笔，口径分别为11毫米、12毫米、13毫米，出锋

加健羊毫笔
–
图4–10

5.5厘米、6.0厘米、6.5厘米。其以粗广锋加优质羊须作芯毛，猪鬃加羊毫作衬，中广锋作盖毛，配红木杆，弹性较强，适于书写魏碑等。整套笔价格在400元左右。

在林散之先生的影响下，长锋羊毫笔受到越来越多的书法爱好者的追捧。因为不同书家本身的喜好又会对笔的制作方法产生影响，因此，不同地方生产的“长颈鹿”笔制作方法又有所不同，湖笔如此，安徽省的砀山毛笔也是如此。

如图4-11所示为碧云轩制作的“长颈鹿”套笔。套笔采用较粗的老广锋作芯毛，加少量猪鬃作健，用切下来的羊毫的根（俗称“羊毛桩子”）作衬，用稍细且直的羊毫作盖毛，口径分别为8毫米、10毫米、12毫米，笔头长度分别为12厘米、13厘米、14厘米。“长颈鹿”套笔宜书宜画，是中等档次用笔。三支装价格约千元。

“长颈鹿”套笔
–
图4-11

邵家干先生制作的“玉龙游春”“芒砀烟云”“宿州风光好”“宿州美如画”（都是大中小三支一套）等笔，用粗广锋作芯毛，加猪鬃作衬，用细嫩广锋作盖毛，口径分别为8毫米、10毫米、12毫米，笔头长度均在13厘米以上。根据是否加衬，价格有所不同，每套笔价格一般在2 600~3 500元。

三、楂笔（抓笔）

楂笔是以长羊毫为芯毛、盖毛，以猪鬃加羊毫为衬，是一种口径比较大的羊毫笔。其口径一般在2~5厘米，出锋一般在10~20厘米，适于书写榜书（过去题写匾额)等大字,或者在一张纸上书写一个独体字。若作为绘画用笔,则主要用于大写意,其特点是含墨量大、破墨均匀。楂笔执笔方法不同于普通用笔那样强调指法,而是直接用手掌握,故又称"抓笔"。楂笔最常见的品种有"御楂""京楂""神抓""迎抓"等,这些笔原料的使用和制作方法都差不多,外形多呈笋状("迎抓"稍修长些)。

如图4-12所示为"御楂",其是按照古代的制式制作的,以红酸枝木作杆,粗广锋作芯毛和盖毛,猪鬃作衬,出锋10.5厘米,口径4.5厘米。现在每支价格约1 200元。另有"神抓"与"御楂"外形相似,唯用料略次之。

如图4-13所示为"御抓",这是按照当代书画家的书写习惯改进的品种。最大的改动是笔杆的长度加长了,便于直接在墙面上作画,多用于大幅写意画创作。"御抓"分大中小号,口径4~4.5厘米,出锋12~15厘米,用料略次于御楂。

御楂
–
图4-12

御抓
–
图4-13

"迎抓"的形状类似于长锋笔,可称之为"长锋楂笔",多用于以线条为美的大幅行书作品的创作。其口径从17毫米到27毫米不等,出锋从8.5厘米到12.5厘米不等,一般由六种大小不同的笔构成一套。"迎抓"多用老广锋作芯毛，粗广锋作盖毛，羊毫加猪鬃作衬。现在市场价格每支从40元到120元不等。若是按要求专门定制的高质量的笔，则价格另当别论。

四、斗笔和学生用笔

“斗笔”，顾名思义，就是将笔头装在一个笔斗上，绝大多数用三相笔杆。斗笔的造型自古就有。笔斗因形似碗状，故亦称“角碗”，大多用水牛角车制而成；配以管，上加牛角挂头；规格有1~5号，口径11~16.5毫米，出锋3.5~6.5厘米。普通斗笔以普通羊毛为主要原料，锋颖较短，含水量大，上色均匀，主要用于书写对联、条幅以及绘画的上色等。斗笔价格因材料和做工不同而不等：普通的斗笔价格一般在20元以内，一些材料好、做工精的，价格在百元左右。

学生用笔的主要品种有条幅羊毫、学生中楷、清风小楷等，这些笔主要采用黄白尖锋（大楷）、头脚爪（小楷）等羊毛为原料，用羊毛桩子等作衬，并采用直式青竹管，适于初学者学习描红和书法入门级练习。20世纪60年代到80年代学生用笔需求量很大，后来不要求学生写毛笔字之后，这种笔由于制式陈旧、造型简单，已很少在市场上出现。现在，这种学生用笔已经被新式三相笔杆学生用笔取代，新式三相笔杆学生用笔价格一般在10元以内。

第三节 狼毫笔的品种及选用

狼毫笔是指用黄鼬尾毛作为主要原料制作的宣笔。用产地不同的狼尾制作出的狼毫笔，其品质和价格差异显著，再加上掺用人造毛、染色羊毛、马毛等配料的情况不同，使得看似相同的两款狼毫笔，价格可以相差很大。

一、纯狼毫笔

现在市场上已少有纯狼毫笔，这是由其原料狼毫的特点决定的。狼毫比紫毫软，比羊毫略硬；锋尖部粗，从顶部往下不到全毛1/3长度处开始逐渐变细，根部纤细无力。做纯狼毫笔，不仅主毛要用狼毫，而且衬毛也要用狼毫。用狼毫作衬毛，必须切去一大半，只留前面1/3，这样就造成原料的很大浪费。另外，其纤细的笔根不容易扎牢，而根部稍有松弛，就会影响笔锋的结构，进而影响整支笔性能。因此，制作纯狼毫笔不仅原料成本高，而且制作工序比较复杂，除非是专门定做，否则制作者一般不愿意做。

纯狼毫笔的制作，一般用粗而直的狼毫作芯毛（包括顶毛和上贴），用细而直的狼毫作披毛，用粗壮有力度的优质毛作衬毛（下贴）。除了衬毛不要求太直外，其他的毛要求上等狼毫。需要指出的是，其中不能有一点掺杂，因为哪怕只是在芯毛、衬毛或盖毛中加一点其他材料，都会带来很大变化。

纯狼毫笔在使用过程中不用调锋，收锋很快，比羊毫笔稍硬，最适合写行书，尤其是行云流水般快写行书。其价格一般在3 000元以上，有的甚至数万元。现在，除有著名书画家定做外，一些经济条件较好的书画爱好者也使用纯狼毫笔，自我感受“功力”会增长数倍。

如图4-14所示的“称心如意”狼毫斗笔，以精选辽尾特长毫制作笔头，露锋8.5厘米，笔头的长度差不多有10厘米，是狼毫长度的极值。这种笔用料较多，只有经过长期积攒，才能聚够一支笔的用料。这款“称心如意”狼毫斗笔以清代老秤杆作笔杆，岩柏木斗，口径2.3厘米，目前价格近3万元人民币。另有一款纯狼毫提斗笔，口径3厘米，出锋8.4厘米，笔杆全用牛角三相，价格在8万~10万元。

另有人用积攒的长狼毫制作了鹤颈形的长锋狼毫笔，整个笔头长度可达10厘米，口径较细。这种笔用于画兰花和勾线效果非常好，写行草也很好。其市场价一般在5万元以上。

如图4-15所示为“北尾狼斗”纯狼毫大楷宣笔，其以华北路京东条尾毛作芯毛，辽尾毛作盖毛，可以华北路或长江路狼毫作衬。这样制作出来的纯狼毫笔毫挺、衬健，披毫细密，整笔刚柔相济，吐墨均匀，书写顺畅，是顶级狼毫笔。

“称心如意”狼毫斗笔

–

图4–14

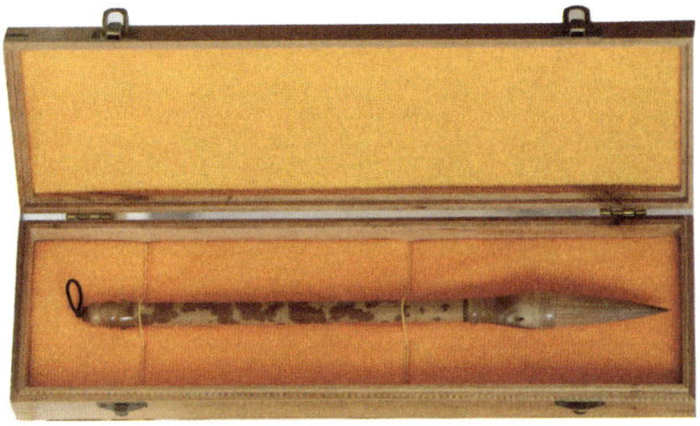

“北尾狼斗”宣笔

–

图4–15

用红香妃杆加白牛角镶嵌，单支价格在五六千元。

在常用的狼毫笔中，精制纯狼毫大楷、中楷、小楷，是过去流行的实用性很强的一种纯狼毫笔，其芯毛和盖毛均用狼毫，衬毛根据需要加硬衬或软衬。狼毫小楷笔口径0.5厘米，出锋1.8~2.0厘米，可以用不同产地的鼬尾毛制作。其中用雌性辽尾制作的小狼毫抄经笔，是上品狼毫小楷笔。低档的可以用长江路鼬尾制作。鼬尾产地越往南，颜色越偏棕褐色；越往北，颜色越偏黄，市场价格从十元到百元不等。狼毫中楷口径0.7厘米，出锋2.8~3.0厘米，东北到华北路尾都可以做，价格从20余元到一百五六十元不等。狼毫大楷口径为0.9厘米，出锋3.6厘米左右，原料一般要用华北路料，价格由50元到250元不等。这些笔一般用斑竹或非标红木配杆。

市场上有时会见到一些价位不太高的所谓的狼毫笔，这些笔有可能是用羊毛染色或者用马毛替代鼬尾毛制作的。鉴别的方法：一看毛色是否纯正，马毛与狼毫的形状有所不同，从根到尖越来越细，不像狼毫有蕾；二摸手感是否顺滑，如果有涩涩的感觉，则很有可能是染过色的羊毛，这种毛表面附有染料；三吹笔头看弹性，打开干笔头，吹一下，看笔头还原速度快慢，一般马毛做的软弱无力，狼毫做的富有弹性。

二、软衬狼毫笔

软衬狼毫笔是一种以纯狼毫为芯毛和盖毛、用羊毛作衬制作的狼毫笔。

宣笔中，最常见的有“长锋狼毫”“黄山烟雾”等。

“长锋狼毫”的口径只有0.7厘米，出锋长度只有2.8厘米，大小相当于狼毫中楷。之所以称之为“长锋”，是因为早先制作这种宣笔时多就地取材，选用本地鼬尾毛，而当时像这种长度就是长锋了。现在制作这种笔，取材很广，既可以用长江路尾，也可以用其他地方出产的较短的毛制作。一般粗壮一些的作芯毛，纤细一些的作盖毛，用较粗的羊毛作衬毛。“长锋狼毫”笔最适于书法，破墨分色明显，对景观表现力较强。

“黄山烟雾”是1980年前后刘海粟上黄山时，泾县宣笔厂为他特制的可较好表现黄山云海等风光题材的一种山水画笔。其口径0.9厘米，出锋4厘米，芯毛取狼毫加少量的紫毫，盖毛用细狼毫，衬毛用较粗的羊毛。这种笔既有纯狼毫的弹性，又有羊毫笔的含墨量，主要用于画山水。

“依纹”（图4–16）也是一种软衬画笔。顾名思义，“依纹”主要是用来画衣服上的纹路的，是画线的，与“叶筋”和“羽箭”相比，用其作出的线条表现形式相对柔和一些，用墨色也更淡；口径一般在3毫米左右，出锋1.6厘米；属于“描笔”范畴（另还有狼描0号至10号、紫描1号至10号，一般5号以下都太小了，很难焊住，要二次装管）。过去压毫以“寸”和“分”为单位，后来换算成厘米、毫米后，才有这些数据。

“依纹”笔
–
图4–16

三、硬衬狼毫笔

硬衬狼毫笔大多为画笔，制作时以狼毫为芯毛和盖毛，以香狸毫加猪鬃为衬毛。硬衬狼毫笔书写时具有弹性足、转折流畅等特点，既能画出刚劲的线条，也能表现枯涩的效果，其代表有“兰竹”“山水”“点梅”“叶筋”“羽箭”等笔。

如图4-17所示为特制“大兰竹”“中兰竹”笔。

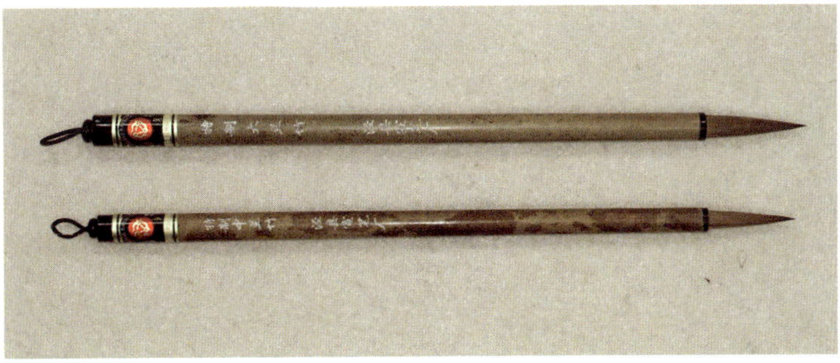

“兰竹”笔
–
图4-17

硬衬狼毫笔中，“山水”笔以点、皴、擦技法为主，宜画山水；“兰竹”笔以画线条为主，宜画竹子、兰草。与“山水”相比，“兰竹”的聚拢性稍强一些，其制作所用芯毛与“山水”差不多，区别在于衬毛，因“山水”的衬毛中猪鬃所占比例更大一些，故其腰力更强一些。

“点梅”“叶筋”“羽箭”这三种笔的用料差不多，区别在于结构。“点梅”主要用于点，如在梅花上点几个点表现其花瓣等，故其芯毛稍为饱满一些，其口径一般为5毫米，出锋2.6厘米。“叶筋”和“羽箭”主要用于画线：前者所画线条稍粗一些，所以笔的尺寸要大一些，口径一般为4.5毫米，出锋2.5厘米；后者所画线条更加细腻精致，尺寸与“依纹”差不多。与“点梅”相比，“叶筋”和“羽箭”的笔尖更加犀利。

另有一种硬衬狼毫笔“北尾合毫”，是1980年前后泾县宣笔厂为著名书画家亚明制作的新款狼毫宣笔。其芯毛采用京东条加狸尾，衬毛用羊毛加猪鬃，盖毛用较细的元尾。这款笔聚散自如，画黄山松石尤其得心应手。

如图4-18所示为杨文制作的狼毫套笔，最大的一支“纯尾大兰竹”长寸半（出锋4.1厘米），中号的“纯尾中兰竹”长一寸二分（出锋3.3厘米），小号的“纯尾小狼毫”长九分（出锋2.1厘米）。该笔顶毛和盖毛用狼毫，加一些人造毛作芯毛的贴毛，以染色羊毛作衬。整套笔的价格在三四百元，是性价比较高的中档狼毫笔。

狼毫笔之所以价格差别大，与人造毛的使用有关。人造毛的优点，一是针对狼毫的特点设计，根粗尖细，作为普通狼毫笔的原料，与狼毫加在一起，可以大大增强笔的腰力，完成笋尖状的造型，而且聚锋也比较好；二是省去了制备

狼毫套笔
-
图4-18

毛的所有工序，可以大大降低成本。当然，与纯狼毫相比，这种笔容易打卷、弯曲，特别是含墨性差。此外，由于其弹性比动物毛强得多，掺有人造毛的笔头如果间毫工序做得不是特别到位，人造毛的分布不是十分均匀，就容易偏锋，笔尖不圆而呈扁平状。

第四节 兼毫笔和石獾笔的品种与选用

兼毫笔是与紫毫笔、羊毫笔、狼毫笔之外的一种品种，其不仅兼有这几种纯毫笔的优点，而且因配比不同而调节，可以满足不同使用者的需求，是目前最为常用的一种品种。除了前面介绍的三种主要原料外，石獾毛也是毛笔制作中常用的原料。用石獾毛制作的石獾笔具有独特的性能，是国画家作画时手中不可或缺的利器。

一、兼毫笔

所谓兼毫笔，是指用两种或更多种不同性质的毛作芯毛制成的笔。值得注意的是，只有芯毛中有两种或两种以上的毫，才是“兼毫”。如图4-19所示，将兼毫笔的笔头打开后，就能看到，其芯毛是由不同品种的毫混合而成的，一般是软硬搭配，以追求刚柔并济的效果。

1. 七狼三羊

狼羊兼毫是最具代表性的兼毫，现在市场上流行的各种“七狼三羊”，又是狼羊兼毫笔的代名词。这种笔的芯毛兼用狼毫和羊毫，狼毫所占比例大，羊毫也是经过茶水蒸煮上色的。同绝大多数兼毫笔一样，“七狼三羊”笔也是用猪鬃和“羊毛桩子”作衬，用羊毫作盖毛，并采用“掉盖式”（也就是盖毛比较短，在锋颖之下）。这种笔兼有狼毫笔的刚性和羊毫笔的柔性，刚柔相济，适用性广，是目前市场上流行的笔式，如图4-20所示。

兼毫笔打开之后，芯毛的原料不止一种
–
图4-19

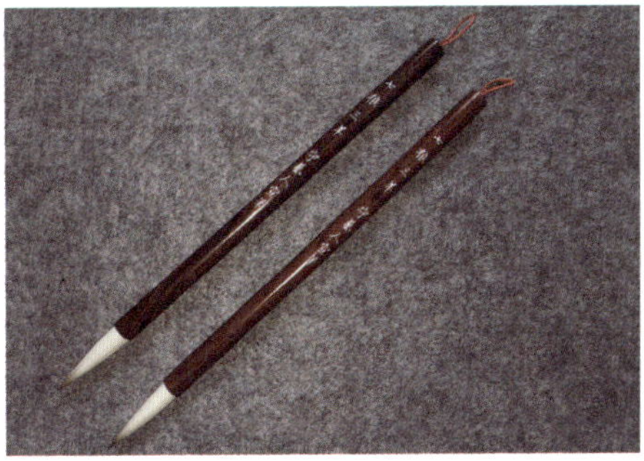

“七狼三羊”笔
–
图4-20

市场上所见的不同的“七狼三羊”，其狼毫所占比例并不一致。从用料角度看，狼毫占比越高，笔的价位就越高，其市场价格从几元到一两百元不等。低价位的“七狼三羊”，基本上不含狼毫，多以人造纤维或上色羊毛代替。由于人造纤维表面光滑，与羊毫混合，没有狼毫与羊毫接合得紧密，故这种笔刚性有余而含墨量不足，运笔转折犀利而不够圆滑。

兼毫笔的质量和价格不仅取决于选用的材料及其配比，更与做工有直接关系。笔杆的选用自然也会影响价格。

2. 野鬃山水

“野鬃山水”是宣笔兼毫笔另一代表性品种。它以野猪鬃和羊须为芯毛的主要材料，衬毛与“七狼三羊”相同，不加盖毛。口径19~27毫米，出锋8~10厘米。单支价格在百元以上。其特点是刚劲有力，散而不聚，含墨量较少。“野鬃山水”笔最适于大幅焦墨山水的创作，包括框架结构和山石的皴擦等。岭南画派代表人物之一黎雄才先生，画山水时尤喜用这个品种的宣笔。

3.白云

“白云”是兼毫笔的传统名品。白云有三个品种：一是“特制大白云”（图4-21），口径8毫米，出锋3.6厘米，以羊毫、狼毫、紫毫三种材料作芯，有的还加狸尾，比例根据需要灵活掌握，一般以羊毫、狼毫为主，紫毫、狸尾为辅；衬毛以羊毛为主，加少量猪鬃；盖毛选用细而有尖有锋的羊毫，最常用的是上等脚爪或白尖锋；直式三相笔杆，笔头呈花瓶状。“白云”笔多用于楷书和小写意上色。按传统方法制作的“白云”，在20世纪90年代初每支售价在10元左右，现在的市场价每支在百元以上。二是“特制白云”大中小套笔，口径分别为5毫米、6毫米、7毫米，出锋2.6厘米、3.2厘米、3.6厘米，配料与特号“大白云”相近，笔形略显修长，笔杆选用斑竹带挂，更适于小行书，市场价每支20元左右。普通“白云”大中小套笔，口径5毫米、6毫米、7毫米，出锋2.4厘米、2.8厘米、3.2厘米，用料略次于“特制白云”，选用青竹竿带挂，适于学生书法和工笔画上色（古时主要用于工笔或小写意绘画，笔杆较细，上色时可同时拿几支笔）。普通的“白云”每支市场价格在10元左右，但是严格按传统方法制作的“白云”笔，价格还是在百元以上。

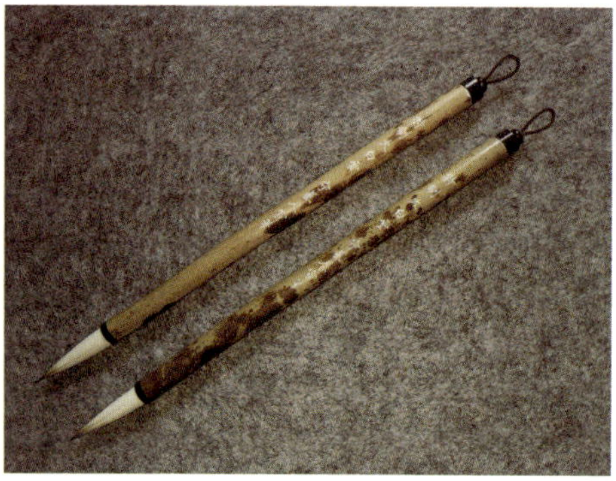

特制大白云
–
图4-21

4.日月生辉

如图4-22所示为“日月生辉”大小号笔，口径13毫米、15毫米，出锋5.5厘米、7.0厘米。芯毛以粗广锋加羊须（用茶水蒸煮去油脂上色）为主，加适量猪鬃（根据需求不同，位置上下调动），现在为了增加笔的聚拢性，多以人造纤维替代猪鬃；衬毛也是猪鬃加羊毛；盖毛用老广锋。三相杆，两头用塑料，中间用棕竹。这种笔弹性较强，宜书宜画。每支市场售价在六七十元。

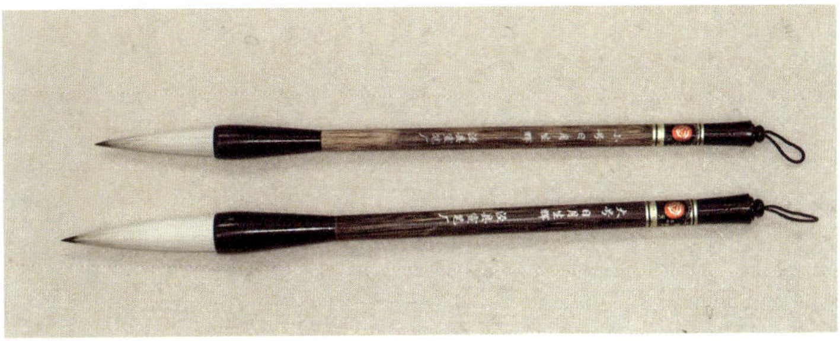

“日月生辉”笔
–
图4-22

二、石獾笔

石獾笔是以石獾毫为芯毛制作的一种笔。

石獾的种类很多，石獾笔使用最多的原料是猪獾毫。猪獾的毛粗，合拢性差，一般用作芯毛和衬毛。相比之下，石獾的毛较细，锋颖较好，多用作盖毛。最适于做石獾笔芯毛的是狗獾(俗称鸡爪獾)毛。

石獾笔的特点是既能聚，也能散，适于绘画。石獾长锋笔也可用作勾线，用其勾出的线条比较老辣。

石獾笔外形以笋斗状为主，口径7~25毫米，出锋4~8厘米，价格从30元到500元不等，具体根据用料的情况而定。石獾长锋笔外形以柳叶状为主，口径4~10毫米，出锋3~8厘米，价格从15元到400元不等，根据笔头的长短粗细不同而异。如图4-23所示为三兔宣笔有限公司生产的中号和小号石獾笔。

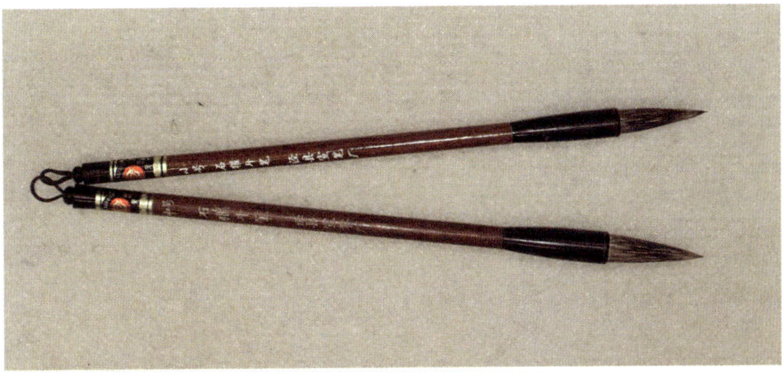

石獾笔
–
图4-23

毛笔在使用时要注意以下几点:第一,在初次使用时,应将浆起的笔头放在冷水中浸泡几分钟,之后用手轻轻捏开笔头,洗净其中的胶质(切忌用热水开笔),开笔过程中出现少量浮毛属正常现象。第二,每次使用前都要将笔头放在冷水中浸透,然后用手轻轻挤去笔头中的水分,再蘸墨书写。第三,使用之后,要用冷水洗净笔头,用清水冲洗时,可以用手轻轻捏笔头根部,使其中墨汁析出,洗净后将笔头中的水轻捏至干,并用手将笔头还原至未开笔时的形态,悬挂在阴凉处晾干,注意笔头处于潮湿状态时不得加套。第四,普通毛笔最佳的使用部位是前端的1/3(最多一半)处,且使用时不得过度按压。在实际使用中,常有一些书家为了追求风格的独特,采用恣意蹂躏毛笔的做法,这不符合毛笔的特性,并不值得提倡。

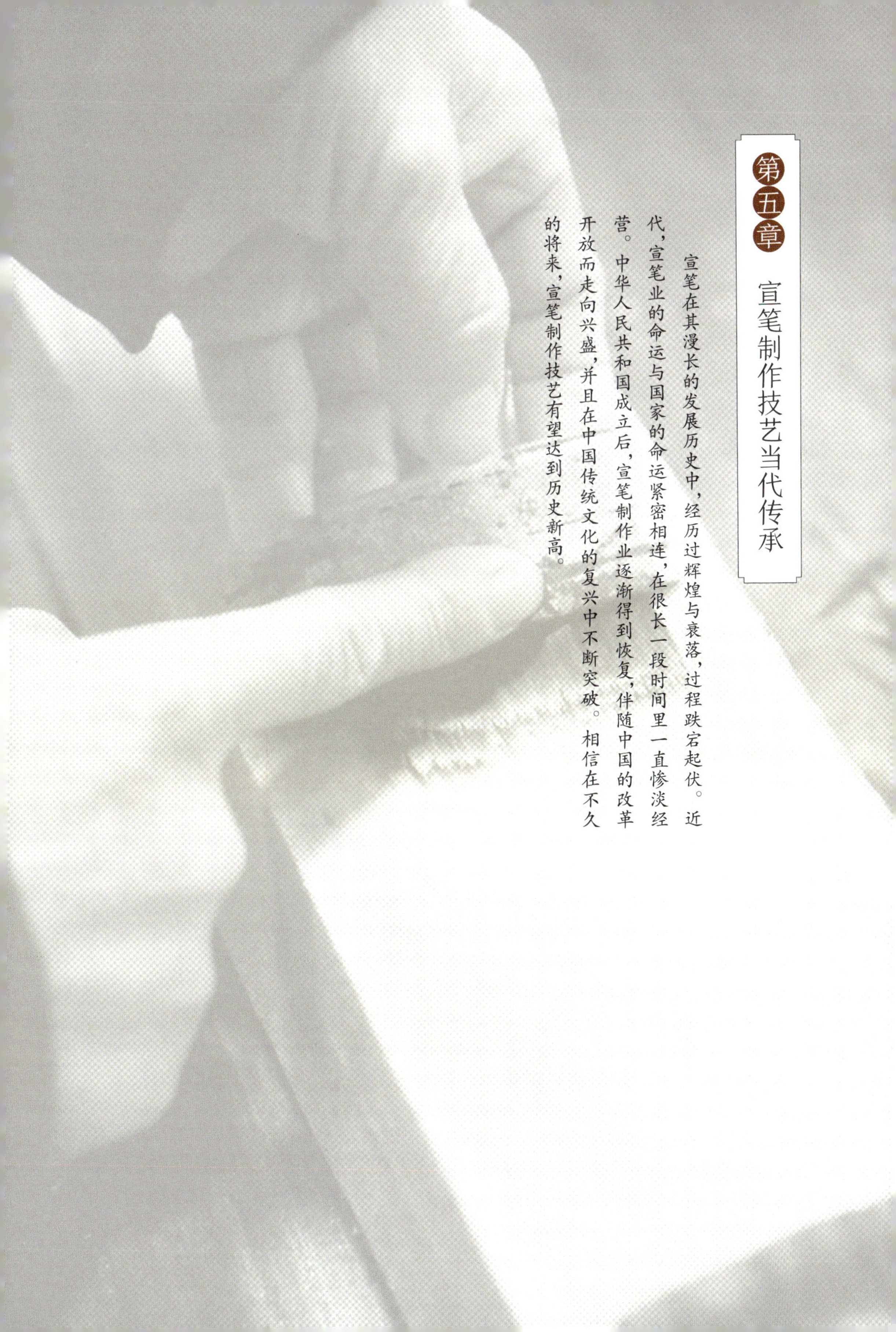

第五章 宣笔制作技艺当代传承

宣笔在其漫长的发展历史中，经历过辉煌与衰落，过程跌宕起伏。近代，宣笔业的命运与国家的命运紧密相连，在很长一段时间里一直惨淡经营。中华人民共和国成立后，宣笔制作业逐渐得到恢复，伴随中国的改革开放而走向兴盛，并且在中国传统文化的复兴中不断突破。相信在不久的将来，宣笔制作技艺有望达到历史新高。

第一节 宣笔的复兴

清末以后，中国由传统封建统治下的强国逐渐沦落为半封建半殖民地国家，加上战争频仍，民不聊生，作为普通民众的手工艺者生存环境恶劣。这一时期，机制替代品的输入，对传统手工艺品形成巨大的冲击。毛笔制作业与其他民族手工业一样，受到多重因素的影响，逐渐走向衰落。中华人民共和国成立之后，宣笔制作业从恢复、发展到复兴，经历了天翻地覆的变化。

一、恢复并快速发展

中华人民共和国成立之初，泾县只有一些家庭作坊在生产毛笔。1954年前后，相关部门酝酿成立毛笔生产合作社，以期恢复并扩大毛笔生产，并把凤元龙等制笔艺人召集到一起，成立了“湛岭笔管厂”，以生产笔管为主，也制作毛笔。

宣笔生产的恢复之所以从湛岭开始，是因为以前绝大多数毛笔都以苦竹做杆，当时雷塘大队湛岭生产队及其周边盛产制作笔杆的原料苦竹，不仅可供当地人自己制作笔杆用，还有扬州、武汉等外地的制笔者来这里买竹子，用以制作笔杆。那时候制作笔杆，还要将砍下的竹子用河滩上的细沙手工打磨。

1958年，湛岭生产大队介入，将湛岭笔管厂变成队办企业性质，相当于后来的村办企业，这种情形一直持续到20世纪60年代。1963年，笔厂迁址安吴公社，更名为“红炬笔管厂”。当时供销社系统还未建立，笔管和毛笔的销售都要靠经销人员跑市场找客户。那时安徽的毛笔产销量在全国都算是比较多的。20世纪60年代中期供销社系统建立，宣笔开始通过供销社分销的渠道向全国销售，在上海设有一个二级站。

当时，一些江苏制笔工人陆续来到这里。其中，最早来的一批人中有朱保祥、汤良骥和他的师傅等，他们都是做水盆的；稍晚些还有萧县人任中一等，他是装套刻字工。这些制笔工人带来了外地毛笔的制作技艺，对宣笔制作后面的发展有一定的影响。

20世纪60年代中期“文化大革命”开始后，流行写大字报，毛笔的需要量猛增。为缓解供求矛盾，笔管厂加班加点生产。当时最流行的是写大字用的“对笔”和“斗笔”。那时毛笔的名称都带有“文化大革命”的特点，如当时有一个羊毫笔系列，称“红星大楷”“红星中楷”“红星小楷”，将长锋笔称作“顶锋”（图5-1），如此等等，在特定时期形成了特定的笔文化。其实，从笔的形制来看，这些都是过去曾经有过的品种，只是名称改变了而已。由于需求量持续增加，当时毛笔厂连续几年都很红火。如图5-2所示为1968年1月泾县红炬笔管厂全体职工合影，从中可知笔管厂当时的员工有三十多人。

20世纪60年代后期，陈荣茂等一批笔工被景星大队请去创办“景星笔厂”，后来在此基础上创办了“景星文化用品厂”。景星文化用品厂除了生产毛笔外，还生产算盘等，后改称“安徽省泾县徽笔厂”。1981年黄村公社社办企业

“顶峰”笔
–
图5-1

泾县红炬笔管厂全体职工合影（1968年1月）
–
图5-2

“楚中山笔庄”也是从景星笔厂发展而来的。

1970年，红炬笔管厂迁至安吴公社所在地佘家，改称“安吴笔厂”。可是，由于当时许多客户不理解笔管上所刻的“安吴”是什么意思，笔管厂出于增进宣传的需要，对外改称“皖泾笔厂”，取“安徽泾县”之意，当时厂里有员工170余名。这时候，宣笔开始使用宣笔厂第一个“黄山”牌商标，图案上有迎客松。当时厂里的年产值有十余万元。

1972年，皖泾笔厂开始生产国画笔，这是宣笔恢复生产后的一个重要转折点。当时有一位从国家外贸部下放到泾县的老干部黄书勋，建议该厂与北京荣宝斋合作，开发生产国画用笔，这是一个很大的突破。为了增强技术力量，提高生产能力，笔厂还从江苏江都引进了一批熟练工人，已故国家级非物质文化遗产项目宣笔制作技艺代表性传承人张苏就是那时候来这里的。当时笔厂组合成立了一个国画笔研发小组，先后恢复了传统的“兰竹”“山水”“书板”“书艺”“白云”等品牌的生产。如图5-3所示为水盆技工在试制国画专用笔的工作情景。

试制国画专用笔（1973年）

图5-3

在国画笔的研发过程中，宣笔的式样也发生了很大变化。例如，此前所有的笔杆一律是简单的苦竹素杆，即使是较大号的对笔、斗笔也是如此，没有装配其他配件。20世纪70年代初期，开始使用斑竹做笔杆。此后，笔杆的品种开始丰富起来。镶嵌牛角装饰配件的“三相”笔杆，此前也有少量的使用，但由于是纯手工制作，量并不大。1972年，厂里组建了“角斗”车间，主要用牛角车出各种镶嵌笔杆的配件。刚开始用的是简单的人力机械，后来引入自动化程度更高的机械，制作出了各式新的笔杆。

以后，又经过几年的发展，笔厂生产的宣笔新品越来越多，并陆续将一些新品送给书画家试用。1975年，在北京人民大会堂举办了一次新闻发布会，启功、黄胄等一大批著名书画家都应邀参加，现场试笔，创作书法及国画作品。

20世纪70年代初，安吴笔厂另有一批人在厚岸公社中心小学创办校办工厂性质的“厚岸堂笔厂”，后于1979年改为乡镇企业，1994年前后倒闭。原水盆车间主任王光华创办了“艺林轩宣笔厂”，20世纪90年代末艺林轩宣笔厂迁至县城，最初几年经营得很好，2011年王光华去世后，笔厂由其子接手，现在维持小规模经营。

二、出口创汇大显身手

20世纪70年代中期，宣笔开始出口。一开始安徽还没有自己的口岸，出口的毛笔一律贴“上海工艺”标签，通过上海工艺品进出口公司出口，当时使用的商标为“火炬牌”。如图5-4所示为笔者在六安一品斋留下的产品中见到的贴有“上海工艺”和“安徽工艺”的毛笔。另外，当时安徽宣笔还从山东口岸出口过一些产品，出口的毛笔以画笔为主，有石獾笔、“兰竹”、“叶茎”、“山水”、“书榜”、“书画”、“樱花飘香”等，其中以点眉笔和北狼线笔走量为最大，一批货往往几万支。

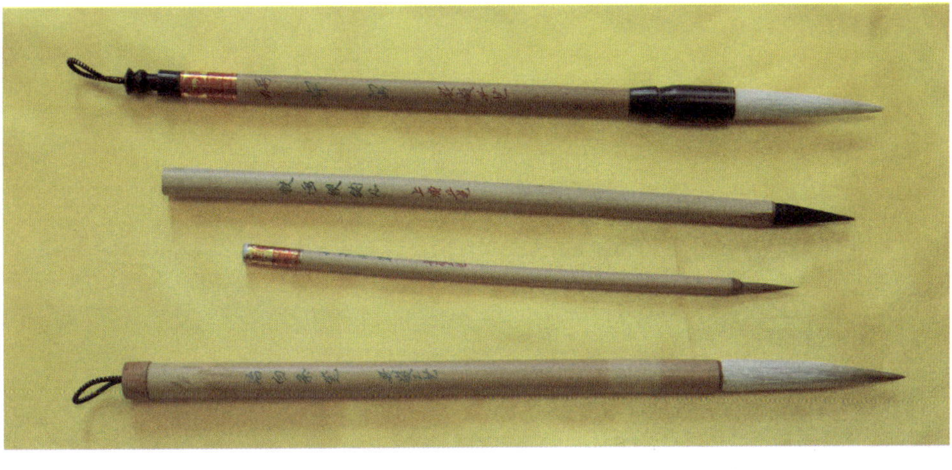

六安一品斋贴有“上海工艺”和“安徽工艺”的毛笔

–

图5-4

20世纪70年代中期，宣笔制作业十分繁荣兴旺。当时泾县这边经济条件比江都那边好，做毛笔收入比较高，加上这里原本就有一些江都籍的人，所以这一时期从江都又陆续来了很多人。现在还有很多已经返乡的江都人户口还留在这边，这就是现在宣笔制作业有很多江都人的原因。

1979年，皖泾笔厂更名为“安徽省泾县宣笔厂”，属乡镇企业，由县手工业管理局代管，书记仍是大队干部出身的李云龙，原厂长章征龙被调往乡里的榨油厂当厂长，由汤良骥接任，汤良骥成为更名之后的首任厂长。当时厂里约有180名员工。当年笔厂生产的宣笔在全国轻工业博览会上获得了部优奖。如图5-5所示的搪瓷缸为荣获轻工业部轻工产品优质奖之后，厂里给职工发的纪念品。

宣笔获奖后厂里发的纪念品
–
图5-5

1978年，泾县宣笔厂注册了“三兔”商标，如图5-6所示。该商标借用敦煌石窟中的飞天图创意“三兔”图案，意为“轮回”，由高德宝领衔设计。高德宝是退伍安置到厂里的，当时任副厂长兼代销科长，后来担任过厂里的党支部书记。

当时厂里集聚了一批高水平的制笔师傅，如水盆的汤良骥、黄凯等，修笔的凤玉群、马腊苟等，刻字的陈孝进、佘延武等。为了提高职工的技艺水平，厂里经常组织开展生产技能比赛。据吴琼老师回忆，当时她在水盆车间，一般通过竞赛来晋级。例如，在起毫工序中，让每位参赛者起一片毫，匿名编号后，交给有经验的老师傅评分。竞赛前先确定要晋级几名，然后按分数由高到低选

宣笔厂大门上的“三兔”商标设计图
–
图5-6

出相应人数晋升一档。如图5-7所示就是当时修笔车间竞赛的情景。当时修笔的竞赛题多由老师傅设定有问题的笔，交给参赛者，看看他们能不能看出来并且正确地处理。

宣笔厂修笔女工技能比赛（1980年）

–

图5-7

当时羊毫笔制作最考验水平的是1984年前后出口日本的“宣颖”系列，吴琼和她的同事对此印象深刻。这是一种平头笔，从10号到1号，口径从5毫米到23毫米不等。其中，最大的1号最难做，对技艺要求最高，也最能体现水盆工的基本功。当时1号宣颖每支售价850元，最小的10号每支售价15元。外贸公司按这个价格收购，并加上一定配额的侨汇券。出口给日本客商时，这个价格就直接换成美元，可见其价格之高。

20世纪80年代中期，安徽成立了工艺品进出口公司，全称为“中国工艺品进出口公司安徽省分公司”，同时成立“四宝科”，自办文房四宝的出口业务。出口的毛笔刻上“安徽工艺”四字，红色标签上贴有“中国宣笔”字样，一开始用篆书，如图5-8所示，后来改为楷书。除了三兔笔厂作为主力厂之外，这个时期参与宣笔出口的还有黄村徽笔厂、六安“一品斋”、宿州砀山“碧云轩”笔庄等。

当时出口宣笔的标签

–

图5-8

当时，安徽桐城还有一家制笔厂，历史也比较长，而且其经营方式比较灵活，销售人员常背着装笔的褡裢到处推销。黄山市也有一家笔厂，主要生产用于墨条描金填彩的毛笔。此外，当时旌德也有做毛笔的厂。

20世纪80年代，随着国家改革开放的不断深入，宣笔业呈现出蓬勃发展的态势，一些有名的书画家纷纷来到笔厂调研和指导工作。1980年，国画大师刘海粟在笔厂试用宣笔后，对宣笔的质量赞叹不已，即席题写了“宣笔纵横，蝉蜕龙变”并嘱加刻“刘海粟选毫”字样。如图5-9所示为刘海粟先生在宣笔厂挥毫。著名艺术家韩美林1981年在宣笔厂试笔后，也为厂里创作了作品《俯首甘为孺子牛》，如图5-10所示。

刘海粟先生挥毫
–
图5-9

韩美林先生画作《俯首甘为孺子牛》
–
图5-10

1984—1988年，文房四宝出口形势较好。为了更多地创汇，当时一些像服装、鞋帽之类的商品，出厂价按汇率换算后还要打折出口，如在国内销售3.75元的一件衣服，出口价可能只有0.8美元。但是，文房四宝则完全相反。当时宣纸的出口定价是将国内的价格按每0.74元人民币换成1美元折算。也就是说，国内价格是74元人民币的宣纸，出口价是100美元。而宣笔则更是按1:1定出口价的，如一支“点眉”宣笔，在国内的价格是0.82元，出口价就是0.82美元。因此，在整个中国工艺品进出口公司安徽省分公司中，以“四宝科”的创汇能力为最强。

如图5-11所示为当时中国工艺品进出口公司安徽省分公司的产品包装纸，上有“经营各种精制宣笔，地址合肥市红星路一三五号，电话七七〇九三”等字样。

中国工艺品进出口公司安徽省分公司在拥有自主出口权之后，仍然会拿上海口岸的订单。这些订单以羊毫笔为主，出口的品种主要有“劳动最光荣”“顶锋”等几款定型的宣笔和“柔意”“新颖”等新款笔。

1983年，法国艺术家代表团一行人慕名前往泾县宣笔厂采风。如图5-12

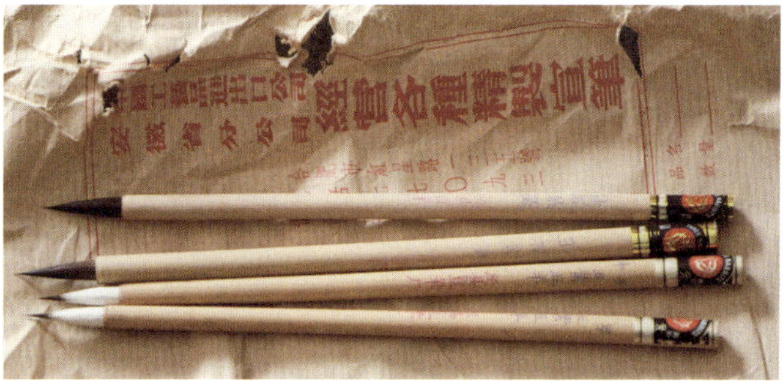

20世纪80年代宣笔包装纸
–
图5-11

所示为法国艺术家用毛笔创作的情景。

1984年实行厂长负责制后，李云龙书记就离开了。其后，农机站站长司绍先担任书记，几个月之后高德宝接任书记，厂长还是汤良骥。

1985年，泾县籍著名书画家吴作人为泾县宣笔厂题写了厂名，如图5-13所示。

法国友人在宣笔厂现场创作
–
图5-12

吴作人题写的厂名
–
图5-13

1986年初，厂长汤良骥、生产副厂长朱保祥，带着泾县宣笔厂的二十余名员工，在县城创办了“文华宣笔厂”。文华宣笔厂属于大集体性质，主要生产“三毛”牌宣笔。取“三毛”之名除了因为销售沿用“三兔”牌宣笔的渠道外，还表达了宣笔生产以兔毫、羊毫和狼毫三种毛为主要原料这一含义。

促成文华宣笔厂创办的原因主要有以下两点：一是1983年之后，实行厂长责任制，改变了此前的管理模式；二是当时厂里很多员工的孩子要在县城上学，又有不少员工在县城安家，到厂里上班不方便，加上当时有鼓励政策，新创办的二轻企业可以享受诸多优惠政策，如可以解决城镇户口和孩子入学问题等。1987年，文华宣笔厂正式开工时，还从社会上招聘了一些新人。

文华宣笔厂1987年正式开工，在之后十多年一直办得很好。汤良骥去世后，任建红（安徽省工艺美术名人）接任。20世纪90年代末，根据国家相关政策，文华宣笔厂改制为民企，厂里的工人陆续离开。现在，笔厂由任建红与佘丽萍合伙经营，主要用库存的笔头装配成产品对外销售。

1987年下半年，宴公乡创办"宴公堂宣笔厂"，属乡镇企业性质。当时宴公乡恢复了"汪六吉"宣纸的生产，因销售比较好，所以乡里就创办了这家笔厂，生产"蒙恬"牌宣笔。笔厂有30多名员工，由江都人杭益勤、徐世春管理，1991年以后由赵和平任厂长、徐世春任顾问。1998年前后，曹玉红接任厂长。之后不久，企业改制，工人参股，又经营了一年半时间后，因有商人下了一大批笔头的订单，却没有要货，导致工厂遭受巨大损失，不久之后倒闭。

1987年前后，泾县宣笔厂还抽调一些人到芜湖协助办笔厂。当时芜湖市文联的领导季汉璋是泾县人，他对文房四宝很有兴趣，在马鞍山办了一个文房四宝博物馆，在芜湖市文联创办一家笔厂，但笔厂只办了一年多就停产了。当时去的工人中有陈孝进、李云龙之子李志高和朱保祥的侄女朱晓琴等十来名工人。笔厂停产后，有些人不再从事制笔业：陈孝进回到安吴开了一家"文宝斋"宣笔作坊；李志高开了一家"安吴角斗厂"，做了几年之后停业；朱晓琴回来后进入宴公堂宣笔厂工作。

三、在深化改革中迎来蜕变

从20世纪50年代初恢复生产到90年代初，这40年间泾县出现过属于集体企业性质的宣笔生产企业共有五家，即泾县宣笔厂、泾县徽笔厂、泾县厚岸堂笔厂、泾县楚中山笔厂和泾县文华宣笔厂等。90年代以后，随着我国对外开放力度的进一步加大，有外贸经营权的企业越来越多，包括宣笔在内的文房四宝的出口形势迅速发生转变。总的来说，随着出口价格的快速下降，出口量迅速减少。

90年代后期,国家宏观政策鼓励企业内部改制,宣笔生产企业也开始进入蜕变期。

1998年,泾县宣笔厂第一次改制,陈翠花任董事长,朱延林任副董事长,财务科长肖松涛、行政副厂长兼办公室主任凤良玉、办公室副主任伍森严三位任董事,代销科长兼工会主席陈晓明当选监事长,佘征军和工人代表朱武精任监事。1999年9月,陈翠花因工作调动离任后,伍森严接任董事长。

按照改制方案,人人有股份,厂里根据不同的职位分别给员工配股。其中,普通员工每人500股,中层干部和车间主任每人1 000股,厂领导副职每人2 000股、正职每人3 000股。投照这样的比例,将全体员工的股值加起来,即为员工总原始持股数。将厂里所有资产评估出来,按1元人民币算一股折合成总股数,将总股数除以总原始持股数,得出的倍数乘以每人的原始股数,即得配额后的每人实际持股数。同时,厂里还成立了董事会、监事会,成员由职工选举产生,管理方式发生了很大变化。

这个股份制改革方案并没有实际执行。1999年上半年,公司将所有员工的股权全部按每股1元赎买,同时按规定分红。这样,首次股份制改革方案经过约两年时间结束。2002年下半年,国家出台政策,鼓励中小企业进行私有制改造。宣笔厂通过公开拍卖,变为民营企业。原有的员工身份按工龄长短被一次性“买断”。当时国家指导价格上限是每一年工龄计400元,按这个标准,一位20年工龄的工人可以得到8 000元的一次性补偿金,当时为70多名员工发放补偿金计56万元。至此,泾县宣笔厂改制为真正意义上的民营企业。

1998年第一次改制时,其他几家集体企业也相继进行了改制,但基本都没有成功。与泾宣宣笔厂不同的是,除了楚中山笔厂坚持了一段时间之外,其他企业很快就解散了。楚中山笔厂原本是乡办企业,1990年前后与台商王如安合作,1998年前后因出了问题被查封,后来合并到徽笔厂。徽笔厂在2000年前后也处于凋敝状态,2003年以后就关闭了。

在21世纪到来之前,宣笔制作业经历了一次凤凰涅槃,即将迎来华丽的转身。

第二节 宣笔制作技艺传承现状

进入21世纪，宣笔制作业迎来了新的发展机遇。2005年，非物质文化遗产保护工作全面展开，宣笔制作技艺先后被列入“安徽省首批非物质文化遗产代表作名录”“第二批国家级非物质文化遗产代表作名录”，这标志着曾经有着辉煌历史的宣笔制作技艺在新的历史条件下将逐渐实现复兴。之后，宣笔生产业态发生了巨大变化，一个个从原来集体企业体制里走出来的宣笔制作技艺传承人充满生机与活力，他们发挥自身优势，遵循市场规律，在传承宣笔传统制作技艺的同时，成就了个人的梦想。

目前，从事宣笔制作的企业与作坊有近30家。这里根据调查的情况，对其中规模较大的几家企业和代表性传承人的情况做简要介绍。

一、三兔宣笔股份有限公司和省级传承人伍森严

宣笔股份有限公司是宣笔制作技艺的保护单位之一。2002年底，泾县人民政府对泾县宣笔厂进行了更为彻底的改制，所有员工下岗，由政府安置；企业改为民营，更名为“安徽泾县三兔宣笔有限公司”，公司所有人为伍森严、肖松涛、凤祥林、佘征军、王健、章玲梅等六名股东。新公司成立之后，聘用了30多名原厂员工，近几年又新引进了若干员工。2011年10月笔者去调研时，厂里共有员工48名，年产量约60万支，年产值约400万元人民币。如图5-14所示为历史悠久的泾县宣笔厂生产车间。

2014年6月，凤祥林（第三批省级工艺美术大师）退出股份，同时肖松涛、王健、章玲梅三股东也要求退股，公司的股份再次做了调整。2019年春，佘征军退出之后，整个公司成为伍森严独资经营的个体企业。企业现有全日制员工17人，另有合作制农户十余家。这些合作制农户大多是原来厂里的职工，

历史悠久的泾县宣笔厂生产车间
–
图5–14

后来为了调动他们的积极性，企业改变合作方式，让他们把任务领回去，在自己家里完成，这样他们比较自由，空闲时可以承接其他方面的业务。这种合作方式的好处有两点：一是生产规格对方十分熟悉，厂里也不需要承担相关责任，相当于合同外包，合作制农户可根据任务需要，自主增加或减少人员，充分发挥市场的调节作用。二是厂里可以根据农户的不同特长，有选择性地外包业务，使外包更有针对性和专业性。目前其他几家企业也都存在这种合作方式。

董事长伍森严（图5–15）是省级非物质文化遗产宣笔制作技艺传承人，同时也是省级工艺美术大师。其妻子张红云主要给宣笔装套，妹妹伍森清负责

省级传承人、省级工艺美术大师伍森严
–
图5–15

检验和包装，大女儿伍月平专攻刻字，二女儿伍庆玲以修笔为主，小女儿伍美玲是水盆车间主任。厂里还有水盆工何元招、汪培霞，修笔工马腊苟、佘国华等，他们都是经验丰富的老师傅。目前，企业年产量在45万~50万支，年产值在500万元左右。

2016年下半年开始，各地流行研学活动。该公司因历史最悠久，文化积淀深厚，所以很快成为主要的宣笔研学基地。2017年接待研学游约7 000人，2018年接待人数约1.4万。如图5-16为来自外地的学生在生产车间参观、体验宣笔制作的情景。

从外地来厂里研学的学生团队
–
图5-16

伍森严，1962年10月出生于泾县安吴乡花林村，1980年高中毕业，1982年底进泾县宣笔厂，主攻宣笔造型设计，在笔头材料的配方和传统宣笔的挖掘整理等方面有独特见解。先后任中国文房四宝协会第五届、第六届副会长兼笔专委会副主任，安徽省文房四宝协会副会长；被评为安徽省第三届工艺美术大师（2013年），第二届中国文房四宝协会制笔艺术大师（2014年），安徽省第五批省级非物质文化遗产代表性传承人（2018年）。

二、宣州宣笔厂和国家级传承人张苏、张文年父子

宣笔制作技艺另一个重要的传承基地是宣州区溪口镇的安徽宣州宣笔

厂。笔厂现有员工12名,除张文年一家人外,还有张文年的舅舅孙元庆(水盆车间主任)、舅母许瑞英(负责修笔)等,年产量近十万支。该厂的前身是张苏于1983年创办的宣州宣笔厂,2002年改称“张苏笔庄”。

张苏,男,1942年出生于江苏省扬州市江都县塘头村。早年其父在江都开了一家笔店,先是派张苏的长兄张祥芝向当时制笔名家朱炳生学习制笔技艺,后将笔店办成前店后坊式,自产自销。张苏从13岁开始拜朱炳生为师,学习制笔技艺,两年后即与哥哥一道在自家作坊里制笔。

1963年,张苏前往泾县黄村湛岭学习工作,两年后又回到江都,与比自己小六岁的孙凤珍定亲。孙凤珍与张苏订婚后,开始到张家学习水盆技艺。1971年张苏再次来到泾县,在安吴笔厂工作,后担任生产车间主任。两年后,孙凤珍带着长子张文年来安吴探亲时,也被留在厂里,先后在水盆车间和分料仓库等部门工作。

1980年,张苏离开泾县宣笔厂,来到宣城县溪口镇,在溪口毛笔厂任车间主任。溪口毛笔厂是一家村办企业,厂长陈加世也是江都人。一年之后,张苏从厂里出来,创建了自己的宣笔厂。如图5-17所示为安徽宣州宣笔厂。

安徽宣州宣笔厂
–
图5-17

张苏原名张祥圣,“张苏”这个名字是著名画家陈大羽先生建议他改的。陈大羽说:“‘张祥圣宣笔厂’这个名字不好记,我帮你改一改,你姓张,又是江苏人,就叫张苏吧。”1985年,陈大羽先生为张苏特制的“大青松”试笔时题字——勤耕耘，勇开拓(图5–18)。他赞赏说：“张苏工艺师制笔精良，为海内书画家交口称赞。故乐为推荐。”

张苏制笔十分注重与书画家切磋。他每研制一款新笔，都会送给书画家们试用，并虚心听取意见。张苏先后为刘海粟、李可染、吴作人、肖娴、陈大羽、魏万清、吴国亭、迟明、袁诚、刘廷龙等书画家研制出“衣纹画笔”“中小书画笔”“描笔”“须眉”“叶筋”“点梅”“兰竹”等写意笔、工写国画笔和勾描笔三大类宣笔。值得一提的是，“张苏宣笔”的制作从原料采集到制成品，一百多道工序全部手工完成。

1995年5月，著名美学家王朝闻先生来溪口考察时，对张苏笔庄师徒严谨的工作态度给予了充分肯定。他题字道：古人云“工欲善其事，必先利其器”。书画艺术依赖工具，毛锥宣州宣笔厂制品在美术界享有美好声誉。如图5–19所示为王朝闻先生的题字。

2009年，第二批国家级非物质文化遗产代表性传承人评审结果公布，张苏名列其中，期间张苏不幸去世。张苏将自己一生奉献给了宣笔制作事业，他不

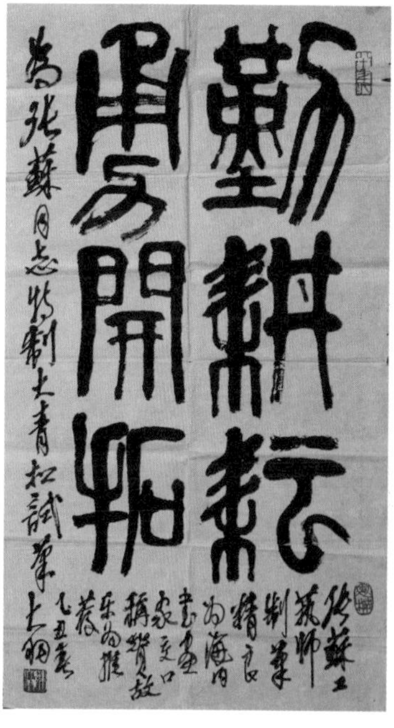

陈大羽先生题字

–

图5–18

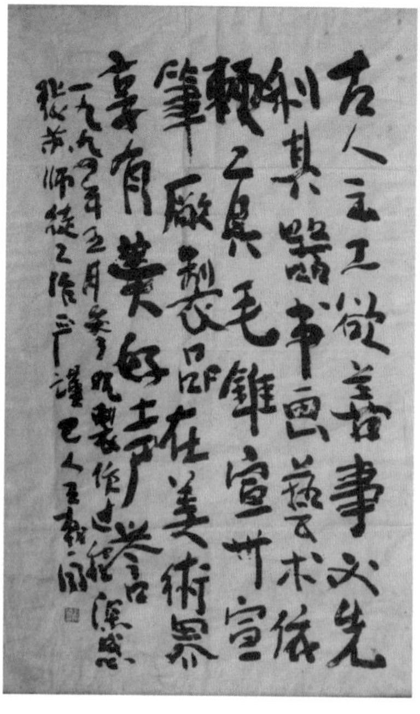

王朝闻先生题字

–

图5–19

仅制笔造诣很深，而且在宣笔制作技艺的传承方面做出了显著贡献。如图5-20所示是笔者2007年第二次去宣州宣笔厂调研时，为张苏夫妇拍的照片。

张苏、孙凤珍夫妇(2007)
-
图5-20

国家级非物质文化遗产项目代表性传承人张文年，张苏的长子，1968年生。张文年自幼受父母的影响，对宣笔制作很感兴趣，他高中毕业后即随父学艺，先主攻修笔、装套，后学水盆。张文年从技工干起，先后任宣州宣笔厂车间主任、业务副厂长、厂长等职。期间，张文年主持研发了“阳春白雪”“玉骨冰心”“玉竹明珠”“长颈鹿”“云鹤”“白鹤”“飞鹤”等长锋羊毫笔品种、“雪山青玉”“鼠须画线笔”“宣州紫毫”等紫毫笔品种，以及“长锋牛耳毫”“兼毫书画”“迎宾兼毫”等兼毫笔品种。其中，“迎宾兼毫”为中国书协专用笔。2006年后，张文年又开发了工艺收藏笔、观赏笔、特制巨笔等新品种。其中“随缘”巨笔，既能收锋书写，又可收藏观赏，常被作为高档礼品收藏。

2011年1月，张文年被认定为安徽省第三批省级非物质文化遗产代表性传承人；2011年6月，张文年荣获“安徽民间工艺大师”“安徽民间文化杰出传承人”称号；2017年，张文年被认定为第四批国家级非物质文化遗产项目宣笔制作技艺代表性传承人。

孙晓琴，1968年生，张文年之妻，早年师承张苏、孙凤珍学习制笔技艺，专攻水盆。2019年当选为安徽省第五批非物质文化遗产项目宣笔制作技艺代表性传承人。

如图5-21为张文年一家人合影。其中左二是孙凤珍，右三为张文年，右一是孙晓琴，另三位分别是其儿子张孙涛(专科毕业，六年前开始学习雕刻，现在学水盆)、儿媳丁雅荧(现在学习修笔)和孙子。

制笔世家后继有人
–
图5–21

三、泾县守艺人文房四宝有限公司和国家级传承人佘征军

泾县守艺人文房四宝有限公司是国家级非物质文化遗产项目宣笔制作技艺代表性传承人佘征军（图5–22）于2013年创办的。公司位于泾县县城，以生产中高端宣笔为主，同时经营宣笔、歙砚、徽墨等文房产品（图5–23）。

佘征军，男，1962年4月出生于泾县安吴乡花林村佘家自然村。佘征军出生于宣笔制作世家，受到环境的影响，从小就喜欢弄毫舞杆，模仿长辈制作毛笔。佘征军听祖父说，他们家很多代都以制笔为业，以前还有过一个笔斋，斋号“秋雨轩”。佘征军的太祖父佘有生是清末本地有名的制笔能手，在弋江镇

佘征军
–
图5–22

守艺人文房四宝有限公司
–
图5–23

开了一家杂货店，销售毛笔和纸等杂货。其曾祖父、祖父和父亲也都做毛笔。1982年，佘征军高中毕业后，经招工进入泾县宣笔厂，师从佘凤鸣、陈翠花学习装套和镶嵌技艺。1986年，佘征军被调到质量检验及产品开发岗位，向老师傅汤良骥学习水盆技艺。佘征军的文化基础较好，又勤于思考钻研。在笔厂工作期间，佘征军在师傅的指导下，对宣笔的材料选择、笔头的制作技艺、宣笔原料配比等进行了深入的研究，他仿制了唐代鸡距笔和宋代诸葛高紫毫笔等。1986年，佘征军担任泾县宣笔厂生产技术厂长、宣笔工艺研究所所长以后，带领技术骨干，研究并恢复了一些失传的毛笔珍品生产，同时精心研发新产品，使宣笔的品种不断丰富。

佘征军通过翻阅大量的历史资料，虚心听取老艺人的指点，挖掘并仿制出汉代的“簪笔”（图5-24）。同时，他还恢复了唐代著名制笔大家铁头和尚的“铁头紫毫”、适合佛家抄经的“小紫尖”以及在宋代诸葛笔基础上改良的紫毫笔“江南净紫”、元代贡品“黄连笔”的制作，使宣笔中最具特色的紫毫笔制作技艺上升到了一个新高度。

佘征军还尝试用当地出产的嫩竹制作出大小不同的新式竹笔，整笔从笔杆到笔头，在一段整竹上完成，如图5-25所示。经书画家试用，这种笔特别适于国画创作。

佘征军于2007—2016年当选泾县政协委员；2008年被安徽省文联和安徽

佘征军仿制的汉“簪笔”
-
图5-24

佘征军用当地竹料制作的竹笔
-
图5-25

省民间艺术家协会认定为省民间文化传承人;2011年,被安徽省文化厅认定为宣笔技艺代表性传承人;2016年被评为市级劳动模范并当选宣城市第四届人大代表;2017年被评为省级劳动模范;2018年被评选为"市级好人",获"省民间工艺师"称号;2019年,入选第五批国家级非物质文化遗产项目代表性传承人名录。

佘征军的妻子吴琼,1964年生,1979年初中毕业后经招工进宣笔厂工作,师从王锦屏学习水盆技艺。吴琼做事一丝不苟,踏实认真,很快掌握了水盆各工序的技艺要领,深受师傅的喜欢,并得到厂领导的认可。工作40余年,吴琼积累了丰富的操作经验,并且通过与佘征军的切磋交流,对于各个工序的操作原理也都有深入了解。

佘征军之子佘吉,在宣笔厂长大,从小耳濡目染,早就熟悉宣笔制作的各种操作。进入笔厂后,佘吉除了向父母学习之外,2015年还正式拜许召菊为师,学习水盆。儿媳汤易芳也拜吴琼的师姐章玲梅为师,学习择笔技艺。为了保证技术力量,公司还聘请了许召菊(王锦屏的师傅)、王锦屏、章玲梅和许召菊妹妹许梅香等几位经验丰富的制笔师傅。如图5-26所示为佘征军一家人和几位师傅合影。

传承有序

–

图5-26

以上三个主要传承单位都是以家庭成员为骨干力量的传统作坊式的企业,其他宣笔生产单位也大致是这种模式。这种模式是在20世纪末集体企业改制之后，历经20余年发展逐渐演变的结果，其在一定程度上反映出传统手工业生产关系构成的规律。

四、其他几家宣笔生产企业和传承人

除了上述三家最具代表意义的宣笔制作企业和家族式传承团体之外，目前宣笔生产还有20多家规模不等的制笔企业和家庭作坊。这里主要介绍几家规模和影响较大的企业和作坊。

1.上洋宣笔厂和省级工艺美术大师仇上洋

仇上洋（图5-27），1955年生，1971年开始在江苏省扬州市江都县富民公社富民村的企业富民笔刷厂工作，师从李登发（1976年来到泾县宣笔厂）。1982年，经师傅介绍，仇上洋前往泾县黄村徽笔厂工作，当时徽笔厂厂长是陈延波。大约两年半后，仇上洋应聘去太平新丰乡盛红村的一家个体笔厂当技术指导，在那里又工作将近两年，然后到黄村楚中山笔庄当车间主任，当时的厂长是陈学人，副厂长是黄寿海，厂里有将近二十名工人。之后不到一年，政策鼓励单干，仇上洋成立了“上洋宣笔厂”，1993年正式办理了营业执照。开始时只是自己做，半年后招了两个徒弟，后来员工越来越多，到1998年前后有十四五人。成立之初，上洋宣笔厂由于没有自己的销售渠道，主要生产半成品供应给其他笔厂。1999年开始打“上洋宣笔”品牌，生产完整的产品；同时也做半成

仇上洋（左一）及儿子、儿媳

图5-27

品。2006年前后不再对外供应半成品，当时有八九名员工。2011年之后，销售市场萎缩，产值做不上去，工人也开始流失，有的去纸厂工作了。

仇上洋于2014年被评为安徽省第三批工艺美术大师。2015年开始，仇上洋逐渐将厂里的经营管理权移交给儿子黄文。

黄文，1986年出生，安徽农业大学物业管理专业专科毕业，2013年大学毕业开始学习刻字。

现在厂里有9名工人，年产毛笔七八万支，产值八九十万元。毛笔用户主要有浙江美院、重庆美院及其他一些城市的画院。笔厂除主要生产自己品牌之外，还为一些客户的品牌代工。

2. 聚宝斋笔厂

泾县聚宝斋笔厂（图5-28）坐落在泾县泾川镇山口社区，是目前规模较大的宣笔生产企业，常年在厂里的工人有七八个，另与十余人有合作关系。年产宣笔十余万支，产值120万元左右。

聚宝斋笔厂是泾县宣笔厂原副厂长朱保祥于20世纪90年代中期创办的。1987年，朱保祥与汤良骥一起创办文华宣笔厂。1995年前后，朱保祥离开文华宣笔厂，创办了聚宝斋笔厂。1998年，聚宝斋笔厂由朱保祥的侄女朱晓琴和她的丈夫操继荣接管，此前他们俩都在宴公堂宣笔厂工作。现任厂长操继荣，男，1971年生，1988年初中毕业后进入宴公堂宣笔厂，学习刻字、水盆、装套、修笔等工艺。朱晓琴，1988年从芜湖笔厂回来后，到宴公堂宣笔厂工作，后与操继荣结婚。现在，俩人共同经营聚宝斋笔厂。

聚宝斋笔厂车间（2012年）

图5-28

3. 龙华宣笔厂

龙华宣笔厂是徐永龙、刘鸽华夫妇于2002年创办的，位于泾县黄村镇花林街道（原安吴乡政府所在地），现在常年在厂工人11人，另有合作农户3户。年产宣笔20余万支，产值130余万。

徐永龙（图5-29），男，1964年生，安徽省工艺美术名人。1981年徐永龙初中毕业后，进入安徽泾县宣笔厂角斗车间（当时与装套车间同属一个大车间，角斗车间主要是车牛角做配件，装套车间主要是用传统方法加工笔管）。刘鸽华，1966年生，与徐永龙同时进入泾县宣笔厂角斗车间工作。2002年企业改制后，夫妻俩从厂里出来，创办了龙华宣笔厂。龙华宣笔厂保留了泾县宣笔厂角斗车间的设备，可以自制三相笔杆。

徐云龙

–

图5-29

4. 晟丰堂宣笔厂

2012年，张志豪在黄村创办了晟丰堂宣笔厂。笔厂现有工人16名，主要生产“楚中山”“承流峰”牌宣笔，同时为红星宣纸集团代工生产“红星宣笔”。前些年红星宣纸销路较好，厂里还另配售笔、墨等，后来销路差一些，配售的量少了许多。现在年产18万支宣笔，其中60%是为红星集团代工的。厂里聘用了数位原泾县宣笔厂的老师傅，如图5-30所示为徐世春。

徐世春

–

图5-30

5. 杨海兵笔杆厂

改制以前，宣笔厂内一般都设有制作笔杆的角斗车间，主要负责制作竹管和牛角配件镶嵌的三相杆。改制之后，笔厂分散成一些规模较小的厂，这些小厂除了使用传统的装套工艺制作少量笔杆外，大多没有保留笔杆制作车间。当时有一些曾在角斗车间的师傅，回到扬州江都老家开厂专门制作三相杆，为宣笔厂代工。

20世纪90年代初，开始流行使用车木油漆杆。最早专业制作车木油漆杆的是桂雪，2013年以后桂雪改行制作木壶。现在各宣笔厂使用的车红木杆和车木油漆杆大多由杨海兵笔杆厂制作。杨海兵1996年加入这一行业，现在厂里除了杨海兵夫妇外，另还有3名工人，专做笔杆。如图5-31所示为杨海兵在车木质笔杆，如图5-32所示为杨海兵的女儿在安装笔杆顶端的挂线。

杨海兵在车木质笔杆

–

图5-31

杨海兵的女儿在装笔杆挂线

–

图5-32

此外，当地还有一些零散的制作笔杆艺人，他们主要制作少量的老式竹质笔管，其他材质的如陶瓷等笔杆则从外地订制。

除了上述几家规模较大的宣笔生产厂之外，还有一些规模更小的制作宣笔的作坊，这些作坊都有自己的主打品牌，如陈乔生（省级工艺美术大师）的“生花”牌宣笔、任建宏文华宣笔厂的“三毛牌”宣笔、陈孝进的“文宝斋”宣笔、凤良玉的“玉兔”牌宣笔、凤祥林的“凤凰”牌宣笔、黄受海的“艺海”牌宣笔等，加起来有三四十户。目前从事宣笔制作的人数有200多人，年生产宣笔200多万支，年产值两千余万元。

第三节 安徽其他几种毛笔制作技艺发展概况

安徽的文房四宝制作历史悠久，品种齐全，品位较高，在全国首屈一指。就毛笔制作技艺而言，除宣笔制作技艺外，还有临泉毛笔、砀山毛笔、徽笔、六安一品斋毛笔等，这些制作技艺先后入选省级名录。其中，徽笔制作技艺还入选了第四批国家级名录。

一、徽笔制作技艺和国家级传承人杨文

徽州制笔的历史悠久。北宋有吕道人和吕大渊，黄山谷的诗文中都有记载。南宋有汪伯立笔，汪伯立笔是当时的“新安四宝”之一。元代以后，徽州制笔总体上处于不景气的状态。但是，因为古代社会手工业产品大多供应本地，故当地人口较多的集镇，一般都有前店后坊式的毛笔经营者，只是名不见经传罢了。

振兴当代徽笔的是一位名叫杨文的江西人。杨文（图5-33），男，1968年出生在江西省南昌市进贤县文港镇的一个毛笔制作世家，高级工艺美术师，安徽省工艺美术名人，第五批国家级非物质文化遗产项目（徽州毛笔制作技艺）代表性传承人。杨文自幼在爷爷杨友金、父亲杨恒云和母亲吴木英的指导下学习制笔技艺，掌握了传统的毛笔制作技艺。据杨文介绍，他爷爷杨友金1923年出生，自幼学习制笔技艺，并以制笔为业，20世纪七八十年代一直在皖、赣、浙、鄂等地跑供销，主要为各地的百货公司供应毛笔。20世纪80年代初，杨文跟着爷爷跑过许多城市，来到黄山之后，他发现这里文化底蕴深厚，遂决定在这里扎根。1986年，杨文在屯溪老街租门面做毛笔生意。经过几年的积累，1994年杨文开办了“杨文笔庄”，并注册了商标，同时将祖母、父母和妹妹从江西老家接过来，正式在这里定居。如图5-34为屯溪老街上的杨文笔庄。

杨文在保留传统制笔技艺的基础上勇于探索，不断改良，取得了不小的成

杨文
–
图5-33

屯溪老街上的杨文笔庄
–
图5-34

就。杨文制作的毛笔在1999年昆明艺术博览会精品展上获金奖,1999年9月在中国工艺美术创作大展上获佳作奖,2004年在安徽首届民间工艺品博览会上获银奖,并得到了刘大为、冯大中、杜滋龄、杨力舟、吴长江、王冬龄等众多知名书画家的喜爱,同时也受到国内广大书画爱好者的青睐,在东南亚享有盛名。

如图5-35所示为杨文的作品“北尾纯狼毫套笔”,最大号的圆径2.2厘米,笔头长度9~10厘米,出锋7厘米;最小号的圆径0.6厘米,笔头长度3~4厘米,出锋2.4厘米。套笔芯毛和盖毛均用大辽尾,笔杆用小叶紫檀整料车成,整套笔的价格为8万元,是高档狼毫笔。

杨文一家人都做笔,从爷爷、奶奶到其父母,包括他的妻子、妹妹,都掌握了熟练的制笔技艺。现在,杨文的儿子杨达也加入徽笔制作技艺传承人的队伍,更使徽笔制作后继有人。如图5-36所示为杨文在指导儿子齐毫。

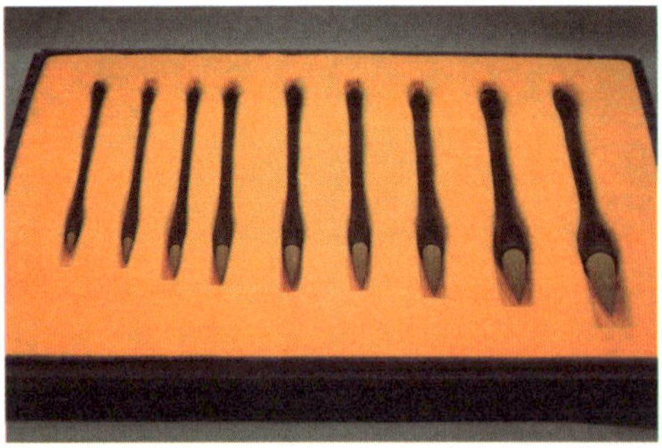

北尾纯狼毫套笔
–
图5-35

杨文在指导儿子
–
图5-36

二、砀山“碧云轩”毛笔和省级传承人邵家干

砀山县官庄坝镇南门口有一家“碧云轩”毛笔作坊。坊主邵家干，1952年出生，1972年底高中毕业后，正式跟着母亲学习做笔。邵家干是安徽省第二届工艺美术大师，第二批省级非物质文化遗产项目代表性传承人。

砀山毛笔制作技艺是邵家干的母亲邵张氏带来的。邵张氏，1920年出生，河南杞县人，从小跟父亲张居贤学习做笔，嫁到邵家之后，她一直利用空余时间做毛笔。邵张氏早期制作的毛笔以低档笔为主，主要在当地小店销售，使用的原料主要是苘麻和本地的山羊毛。

邵家干开始跑市场后，常从砀山乘火车到徐州，再到济南、天津、北京，在推销产品的同时，他也看到了外面的好的毛笔，如北京李福寿毛笔、河南项城毛笔等。每看到新式样的笔，邵家干回到家里就会尝试制作，所以他的制笔技艺水平增长很快。当时毛笔上不刻品牌商标，所以很多笔都不知道其产地和制作者。后来笔杆上有字了（但不是刻而是划上去的，痕迹很浅），内容多是“叶筋”“点眉”“金不换”“长颈鹿”“小红毛”“大红毛”等毛笔的品名。

那时毛笔的产量不大，使用的原料都是自己采。当地苘麻到处都是，很容易采到，羊毛也是本地的，笔杆都是用竹子做的，原料成本很低。每支笔的售价很低，在本地只卖一角，到外地可卖到六七角。后来，邵家干学着单只笔用纸盒包装，这样在北京可卖到一元多钱。

当时做狼毫笔使用的还是当地的原料，本地鼬尾毛很短，所以只能制作小号笔，如画竹子用的“兰竹”之类。

邵家干说，自己这一生中，有两个人对他的影响特别大。第一位是南开大学的教授于夫骞，于教授是李苦禅、叶浅予的学生。认识于先生时，邵家干还在群艺馆工作，由于交往比较多，所以受他的影响很大。邵家干曾按照于先生的要求，试着用很细很软的羊毛做“顶锋”“盖锋”笔，长度大约在15厘米。当时不像现在有细光锋原料，原料都是从本地淮山羊毛中挑选出来的。

第二位是邵家干于20世纪80年代初在南京认识的董欣宾先生。董先生是秦古柳先生的弟子，后成为刘海粟先生山水画专业的研究生。他受过傅抱石等人影响，是很有成就的画家。正是受到董先生的启发，邵家干成功地注册

了自己的“碧云轩”商标。董先生创新意识很强，其山水画以线条见长。邵家干帮他做过很多特殊定做的笔，如直径4~6毫米、长8~10厘米的线笔等，这种毛笔与传统意义上“尖”“齐”“圆”“健”的标准不同，后来有人将其概括为“柔长”，这成为后来邵家干制作毛笔的特点之一。由此可见，制笔者的创新与艺术家创作上的追求是分不开的：画家赋予工匠创新灵感，工匠为画家创作提供利器，二者相互成就。

邵家干举一反三，制作出一些全新的笔，如“卷帘笔”，相当于将不同特性的毛安置在卷帘的一端，当把卷帘卷起来，就成了一支笔，不同的卷法形成不同的笔，千变万化。20世纪80年代末，邵家干制作的“翰珍笔”，如图5-37所示，亮锋长达9.7厘米，日本商人给出2.5万元的天价。邵家干于1992年给台湾蒋玮国先生寄笔的邮包，成为海峡两岸通邮的第一个邮包，邵家干因此受到安徽省政府的表彰。2002年，邵家干给故宫博物院修复了一批明清宫廷笔，受到张淑芬先生的充分肯定。

2014年11月，中国文房四宝协会、中国轻工业联合会联合评定出十位制笔艺术大师，邵家干与杨文、伍森严名列其中。

如图5-38所示为邵家干为清华大学美术学院刘教授制作的长杆巨幅国画创作用笔。该笔长度超过3米，笔杆要用螺丝接几段，笔杆的顶端设计成像拐杖的手柄状，便于持笔者掌握。

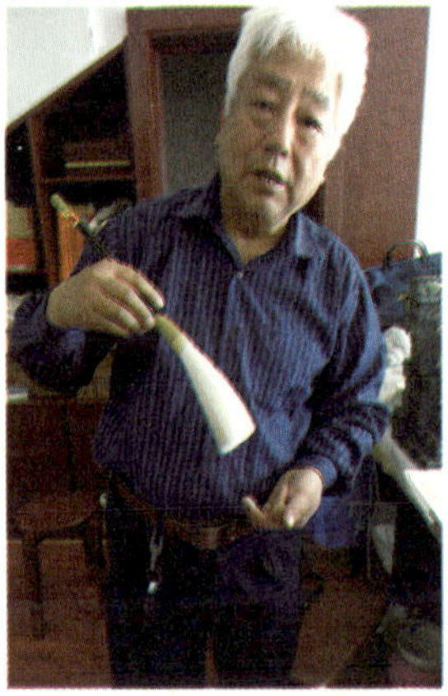

邵先生展示“翰珍笔”
-
图5-37

邵先生展示巨幅国画创作用笔
-
图5-38

邵家干的爱人张素娟也一直在制作毛笔。与邵家干结婚之后，张素娟先跟婆母学习制笔，后来不断受到邵家干的影响，几十年一直制作毛笔，现为安徽省第三批工艺美术名人。现在，他们的儿子邵昂、女儿邵云、女婿阿木利狎（四川大梁山人，彝族，大学毕业后师从邵家干学习制笔技艺，现为省级工艺美术名人），侄子邵献营、邵献召等，均传承着这门技艺。

三、临泉毛笔制作技艺和省级传承人曹如章、张修尧、赵斌

临泉毛笔制作技艺是第二批省级非物质文化遗产项目，现有曹如章、张修尧、赵斌等三位省级传承人。临泉毛笔的历史目前尚没有很清晰的资料，一些说法包括人名都有不准确之处，下面只能根据已掌握的资料做简要的介绍。

临泉县地处安徽省西北隅，因濒临泉河而得名。临泉毛笔制作技艺是从阜阳（古称颍州）传承而来的。据称，明朝在颍州贡院街拥有“壹圆圣”笔店。中华人民共和国成立以前，阜阳还有毛笔鬃刷厂，生产毛笔、毛刷等产品。清咸丰年间（1851—1861），临泉谭棚镇小李庄人李秀章从颍州回到家乡，继续经营笔庄，沿用“明道堂”店号，其后人李万钟传承其技艺，一直制作“明笔”。当地流行这样一种传说，李万钟经常肩挑、背驮，到各地赶集市卖笔。每到一处，他常在湿地撒上青灰，铺上油布，把笔摆在上面卖。由于地上撒有青灰，因此人称其笔为“吊毛灰笔”。在传承方面，除了自己的后人李德昌（曹如章的师傅）、李德明、李德俊、李德顺外，李万钟还收过两个弟子：一个是张老端，是张修尧父亲张麟德（1935—2006）的师傅；另一个是小徒弟张廷芳，是现在做“貉笔”的老笔工张道东的师傅。

1957年，李德昌与牛学道等人联合成立杨桥毛笔生产合作社，厂址在杨桥镇中心路，生产传统名品“明笔”。20世纪60年代中期，杨桥毛笔生产合作社成为一家集体所有制企业，主要生产毛笔和毛刷等，由曹如章担任厂长，产品远销日、美、法、意及新加坡等国。1982年，笔厂产品曾参加新加坡“文房四宝”展销会。1985年时，笔厂有职工45人，年产值15万元，实现利税5万元，固定资产4.7万元。后来该厂成为二轻局下属企业，20世纪90年代中期倒闭。

1.文德堂贡笔厂与省级传承人曹如章

曹如章（图5-39，1931—2012）14岁时，拜李德昌（据张道东回忆）为师。

曹如章

–

图5-39

据说拜师时曹如章家里当了二亩地做“压跪礼”，他学艺五年后出师，在家制笔卖笔。20世纪60年代，曹如章任杨桥毛笔厂业务副厂长，后创办自己的“文德堂贡笔厂”。曹如章在继承毛笔传统制作技艺的基础上，博采众长，改进创新，使文德堂毛笔选料更加广泛，工艺更加考究。由他首创的“八柱擎天”毛笔，可以一分为八，一笔多用。2006年曹如章被评为安徽省首批工艺美术大师，2009年被认定为第二批省级非物质文化遗产项目代表性传承人。现在，“文德堂”由其子曹殿才、曹殿彬、曹殿明（第三届省级工艺美术名人）等继续经营。

2.临谭笔庄与省级传承人张修尧

张麟德一开始也在杨桥毛笔厂上班。1962年回乡之后，他和另外两个师傅带几个徒弟，办成一个副业厂，张修尧（张麟德之子）就是那时候开始学习制作毛笔的。1977年后副业厂整体迁到谭棚镇，成为乡镇企业，称谭棚毛笔厂。20世纪70年代，谭棚毛笔厂制作的毛笔都是普通笔，张麟德他们自己骑自行车向供销社送货，1979年以后才有牛角制作的笔斗，还是从江苏扬州那边购买的。1983年到1985年，笔厂生产处于高峰期，厂里有40多人，产品获“安徽省优质产品奖”。据1992年出版的《临泉县志》记载，1985年谭棚毛笔厂有职工37人，厂房300平方米，主要设备有钻床一台、人力车床2台、电力抛光机1台，年产值约5万元。1985年，89岁的刘海粟为毛笔厂题写“临谭笔庄”，从此谭棚毛笔厂就改称“临谭笔庄”。1993年之后毛笔逐渐滞销，只好放在百货大楼代销，常常得不到货款，生产很不景气。1996年张修尧接任厂长。

张修尧（图5-40），1956年生，中学毕业后跟随父亲学习制笔技艺，一直在笔厂工作。1996年接任临谭笔庄厂长。1998年企业改制后，张修尧果断减少低档笔的生产，开始制作礼品笔，产品主要作为本地市、县、乡镇的礼品用笔，外地也有销路。现在，临潭笔庄采取“企业”+“农户”经营模式，一些工作交给农户在家中做，厂里仅有十来名员工，年产量8万支左右，加上配套的包装盒等项目，年产值在300万元左右。张修尧曾先后被推选为阜阳市第二届、第三届人大代表，2009年被认定为第二批省级非物质文化遗产项目代表性传承人。其子张晓晨现在也从事毛笔制作工作，同时兼管笔厂业务。

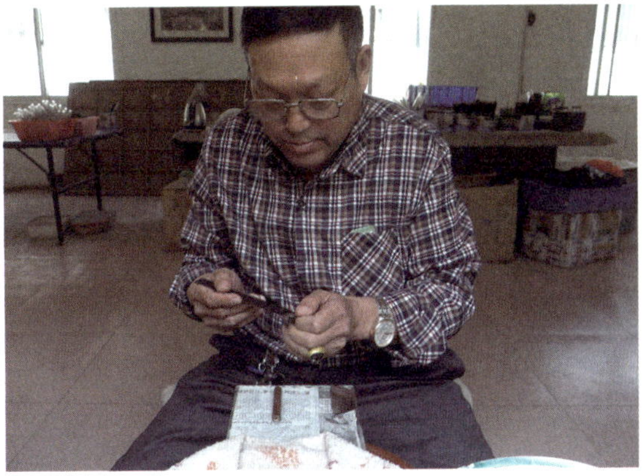

张修尧
–
图5-40

3. 龙笔笔业与省级传承人赵斌

曹如章的女儿曹彩霞和女婿赵斌中学毕业后，便师从曹如章学习制笔技艺，现在俩人在经营自己的制笔企业。

赵斌，男，1962年生，2016年被评为安徽省第四届工艺美术大师，2019年被认定为第六批省级非物质文化遗产项目代表性传承人。曹彩霞，女，1962年生，安徽省工艺美术名人。1999年俩人一起创办彩霞笔庄，2011年创办临泉县龙笔笔业有限公司。2012年7月经省文物局批准，创办临泉毛笔博物馆，现有员工15人，主要生产“北谭”牌毛笔。目前，赵斌负责设计制作的一款多功能毛笔和另一款屏风式挂笔架，均成功申报实用新型专利。

临泉毛笔博物馆是赵斌和曹彩霞创办的一家民办博物馆，全馆共4层，建筑面积2 000多平方米，如图5-41所示，馆内分别设立名人书画、毛笔起源、制笔原料、制作器具、历代毛笔、工艺展示等6个展区。2012年，博物馆被评为安徽省首批“十佳”民办博物馆。

临泉毛笔博物馆
–
图5-41

四、六安一品斋毛笔和省级传承人江澄洁

光绪三十一年(1905)秋,夏均安于六安东门大街塘子巷口租房两间,开设“六安一品斋”笔店。据《六安州志》记载,夏均安又名夏开泰,六安鼓楼街人,自幼家境贫寒,民国二十七年(1938)病故。

宣统元年(1909),一品斋笔店选送的“仿古京庄”“大卷紫毫”等毛笔在南京举办的“南洋劝业会”(工艺品赛会)上被评为一等工艺品,获金、银奖牌各1枚。自此,一品斋毛笔被视为“文房四宝”之珍品,畅销全国,并出口日本及东南亚各国。如图5-42所示为江澄洁收藏的民国时期的一品斋毛笔。其中,最上方一支刻字“小楷羊毫　一品斋”,第二支刻字“双料　大乌龙水”,其余三支刻有“珍选”字样。

中华人民共和国成立后,六安城关组织夏均安的女儿等人成立一品斋毛笔合作社。合作社主要生产大、中、小楷毛笔和画笔30多个品种,年产32万支,产品多次在各种评比会上获奖。到1972年,一品斋毛笔品种共有200多

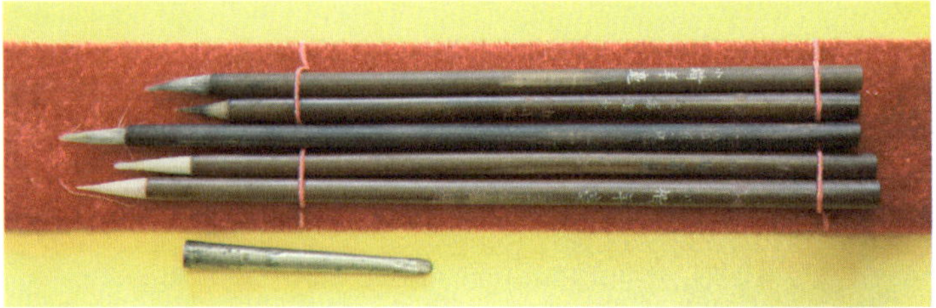

民国时期的一品斋毛笔
–
图5-42

个。1987年,一品斋笔厂完成工业产值125万元,创利税17万元,经济效益居省内同行业前列。1981年,一品斋笔厂仿制的唐鸡距笔在香港参加了"安徽文房四宝"展。1989年,一品斋羊毫"玉版金丹"获国家轻工部部优称号。1990年,一品斋"羚羊"牌毛笔在全国妇联、机电部、轻工部、纺织部、农业部、商业部、国家医药管理局和北京市人民政府等八个部门联合举办的"中国妇女儿童用品四十年博览会"上荣获银奖。

如图5-43所示为20世纪50—90年代一品斋笔厂从上海口岸出口的毛笔中几个比较主流的品种。其中,中间是"中京提",羊毫斗笔,烤红杆牛角三相,注册"羚羊"商标。中华人民共和国成立初期,一品斋笔厂从上海口岸出口的大中小套笔,曾出口东南亚国家,主供日本,年产量约10万支。左二为"羚羊"牌"铁画银钩笔",以紫毫为主要原料制作,六安一品斋毛笔社出品,1970—1997年从上海口岸出口,出口量近20万支。右二为"玉版金丹",用精品羊毫细广锋及直广锋制作笔头,烤红杆牛角三相,单支笔,是安徽省首获部优产品的品种,年出口量约30万支。右一为"四号画笔",小型书画作品创作专用套笔,1~8号,是用兔毫、猫毛、鼬尾等制作的兼毫笔,1978—1997年通过上海口岸出口。左一为"大红袍"画笔,适宜书写小楷、工笔画点睛,勾线、粉彩,宣纸上绘图、描金等多种用途,兔毫笔头,青杆,也是出口日本数量较大的笔。

如图5-44所示为六安一品斋生产的"大兰竹""小兰竹"笔品,加上"中兰竹"组成套笔。套笔烤红杆牛角三相,橙黄色东北狼尾笔头。省级优质产品,与获省级优质产品的"劲松毫颖"一道,多次获得殊荣,是国内畅销产品。

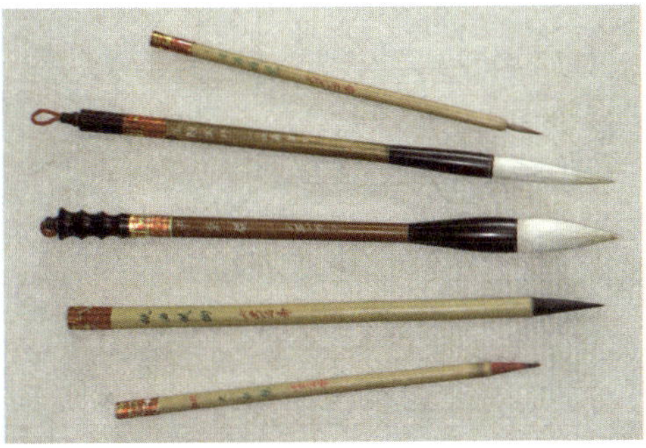

20世纪50—90年代从上海口岸出口的毛笔
–
图5-43

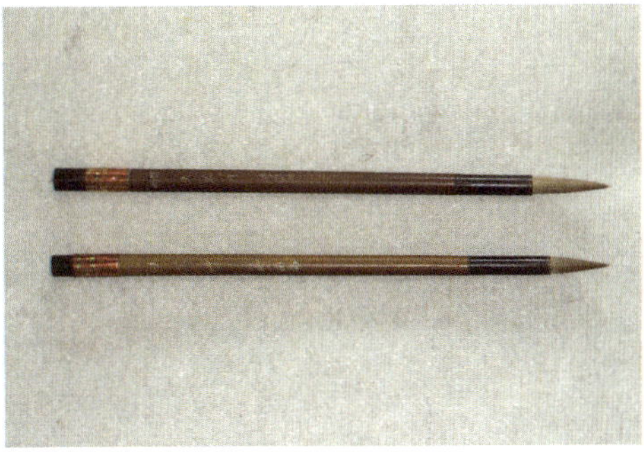

兰竹
–
图5-44

1980年起，公司在城区建商厦。建成后，公司搬到大厦，更名为"六安一品斋毛笔厂"，后来又更名为"六安一品斋商贸公司"。公司除了做毛笔、牙刷、水瓶壳等外，还经营百货销售业务，规模最大时有员工三百多人。后来由于经营不善，公司在连续多年亏损之后，于20世纪90年代末破产倒闭。

江澄洁(图5-45)，女，1951年9月生，祖籍皖南。1968年，江澄洁下放到六安市郊区农村，1978年底回城后进"一品斋毛笔社"工作。当时厂里有80多名职工，是六安城关镇的大集体企业，主要生产毛笔和排笔等，产品以出口为主。江澄洁进厂后，开始主要学习"干活"，包括加工笔杆、刻字、装套等。半年后，她被厂里派到歙县徽墨厂学习锦盒的设计和制作，同时学习了作为此项工艺基础的托裱工艺。一年多之后回到厂里，担任业务科长。当时厂里工人文化程度普遍较低，刻字刻得较好的只有两名读过私塾的师傅，他们也都是只教自己的子女。江澄洁学习刻字，基本上就是在看老师傅刻的基础上自己试着刻。江澄洁在刻苦学习技艺的同时，还十分注重知识的积累，经常给当地广播台投稿。

江澄洁
–
图5-45

当时徒弟称师傅为"大大"(方言，意为"叔叔")，早晨上班要提前到，扫地，倒垃圾，烧开水，做煤球，有时还要去把师傅的早点买好，可见对师傅尊重的程度。当时厂里并不直接向普通用户销售毛笔，产品全部通过供销社系统统一销售。当时一品斋毛笔社生产的毛笔贴"羚羊"牌商标。江澄洁进步很快，几年后即担任生产副厂长，分管财务、基建和产品销售等工作。

一品斋倒闭后，"羚羊"牌商标被抢注，"皖西一品斋""皋陶一品斋"和"夏氏一品斋"也都被注册了。2002年，江澄洁注册了"皋城一品斋"商标，另外组织一些人小规模生产毛笔。目前她的两名徒弟都是利用业余时间学习做笔，他们主要是制作笔头，笔杆一般从外地订制。

后记

《宣笔》一书终于完成了！感觉自己还有一些值得回味和反思的话想在这里说说。

我对宣笔并不陌生，为完成“中国传统工艺全集”《造纸(续) 制笔》(以下简称《制笔》，此书已于2014年底由大象出版社出版)，从2006年起，我曾多次赴泾县和宣州，向三兔宣笔有限公司的佘征军、伍森严及宣州区宣笔厂的张苏、张文年等学习和了解宣笔制作工艺等有关知识。而且《制笔》卷并不局限于宣笔，对于湖笔、扬州水笔、湘笔、衡笔，还有广东新会茅龙笔等，都做了专门的介绍，对于毛笔制作技艺发展的历史也做了全面的梳理。所以，当接到邀约本书的写作任务时，我觉得应该十分轻松，遂一口答允，我当时认为只要稍下些功夫，补拍些照片即可完成。

然而，原计划交稿的时间，却从2018年年底一再后延，整整拖了半年时间。期间，我几乎所有的业余时间，包括春节在内的所有假期均被充分地占用(家人似乎已经习惯了我的这种工作状态，总是默默地给予支持，让我的内心总是内疚且感动着)。奇怪的是，过程中我并未因延后交稿而焦虑，反而一直处于兴奋状态。我像是一个新入门者，感觉进入了一个崭新而奇妙的世界，越来越觉得自己过去对于宣笔的了解甚是肤浅，而每写完一章一节都有满满的成就感！

完成了初稿的写作之后，我有了以下几点新的认识：其一，宣笔传统制作技艺具有极其丰富的工艺内涵。这不仅为业外人士所忽视，而且普通的制笔者也缺乏这种自觉。其二，系统地掌握宣笔传统制作技艺的传承人的存在才是这项技艺活态传承的根据。很多人虽会制笔，但他们所掌握的只是简化了的技艺，却并不知晓传统宣笔制作技艺的精华。其三，唯有懂中国书法绘画者，才有可能真正懂笔，因此，合格的代表性传承人必须具备与书画家对话的能力。其四，非物质文化遗产保护工作需要学者的参与，只有学者与工匠的完美结合才能更好地挖掘出技艺原本具有的文化内涵。其五，对传统技艺文化内涵的发掘和宣扬，对于弘扬工匠精神、阐释中华传统文化，具有重要意义，应当引起全社会进一步的重视。

不得不说，本书的顺利完成，得归功于佘征军先生全力以赴的合作，很多内容都是他这些年在制笔实践中思考、研究、实践、总结的结果。正因为如此，我决定请他作为本书的合作者署名，唯有如此，才能体现实事求是的原则。另外，在本书写作过程中，伍森严、张文年、邵家干、杨文、江澄洁等多位传承人都给予了鼎力支持和无私帮助。特别值得一提的是，吴琼老师在制笔工艺流程方面不厌其烦地示范，使书中得以有诸多精准表现工艺过程的照片！此外，安徽医科大学的刘晓颖博士及其同事帮助拍摄了紫毫的显微照片、黄山学院的张孝进博士帮助翻译了《鸡距笔赋》、黄飞松先生提供了部分老照片等，在此一并致谢！

一本书一旦定稿出版，多少会留下些许遗憾。有些遗憾虽然是明明知晓的，却囿于时间和精力不能彻底解决，例如，原本希望对于各地制笔业发展的历史做比较清晰的梳理，尽管下了一些功夫，但远未达到要求。因此，希望各地主管部门和各传承人注重对本地本企业历史档案的收集和保存，包括对于相关工具、材料和作品的留样，因为这些不仅有历史价值，也具有很好的应用价值。书中其他方面的不足也一定在所难免，希望读者多提宝贵意见，以便再版时更正和改进。

自2015年初离开黄山学院，我已在安徽广播电视大学工作了四年有半。这是一段难忘的经历！期间我做了一些与非遗相关的研究工作，包括主编出版了《非物质文化遗产概论》和与汤诗华、陈圆圆、董克、田红梅、房金环等同事共同开展传统技艺类非物质文化遗产保护评价指标体系研究，并取得阶段性成果等。

2019年6月，我来到新的工作单位安徽艺术学院。这是一所与非物质文化遗产关系十分密切的大学，我想自己所钟爱的非遗保护研究事业一定能够在这个充满希望的校园里生根、发芽，绽放出鲜艳的花朵，结出累累硕果，此书的出版权作我向新工作单位的献礼！

樊嘉禄

2019年6月于知止轩